再制造战略新兴产业培育与发展研究

刘文杰　著

国家自然科学基金项目（71273131）
教育部人文社会科学研究一般项目（10YJC630157）
江苏省社会科学基金项目（10EYC018）
江苏省高校哲学社会科学基金重点项目（2011ZDIXM052）

资助出版

科学出版社

北　京

内 容 简 介

本书简要介绍国内外再制造产业发展状况，采用 SWOT 战略框架定性分析我国再制造产业发展情况，利用灰色定权聚类方法定量评价该产业的发展。在此基础上，探讨我国再制造产业"植入式"培育机理与培育模式，分析废旧机电产品回收模式选择和废旧机电产品回收群体演化博弈两个再制造产业发展重要问题。

本书适用于在再制造领域从事产业管理的政府公务人员与从事企业运营管理的公司管理人员，以及管理工程、产业经济等学科的科研人员阅读，也可供高等院校物流管理、企业管理等相关专业师生阅读。

图书在版编目(CIP)数据

再制造战略新兴产业培育与发展研究 / 刘文杰著. —北京：科学出版社，2016.9

ISBN 978-7-03-049753-6

Ⅰ. ①再… Ⅱ. ①刘… Ⅲ. ①制造工业–新兴产业–产业发展–研究–中国 Ⅳ. ①F426.4

中国版本图书馆 CIP 数据核字(2016)第 199934 号

责任编辑：魏如萍 / 责任校对：彭珍珍
责任印制：张 伟 / 封面设计：无极书装

科 学 出 版 社 出版
北京东黄城根北街 16 号
邮政编码：100717
http://www.sciencep.com

北京京华虎彩印刷有限公司 印刷
科学出版社发行 各地新华书店经销
*
2016 年 9 月第 一 版 开本：B5(720×1000)
2016 年 9 月第一次印刷 印张：10 1/4
字数：210 000
定价：56.00 元
(如有印装质量问题，我社负责调换)

前　言

发展再制造产业具有节约资源、降低能耗、减少污染物排放的显著功效，是我国实现循环经济与可持续发展的重要战略途径之一。因此，我国政府明确将该产业列为节能环保类战略新兴产业。与欧美再制造产业发达国家和地区相比，我国再制造产业仍介于产业生命周期的萌芽期与成长期之间，产业发展面临一系列突出问题：一是国内外再制造产业发展状况不明，无法为该产业发展提供有益借鉴与指导；二是缺乏科学系统的再制造产业分析与评价，难以全面认识产业发展情况及区域发展差异，影响产业政策制定；三是再制造产业培育机理与培育模式不清，导致产业发展规模小且速度滞缓；四是再制造企业高层管理者难以抉择选用何种废旧机电产品回收模式；五是废旧机电产品回收参与群体（包括再制造商群体、回收商群体、消费者群体等）从自身利益角度考虑，不愿积极开展废旧产品回收合作，从而造成大多数再制造企业存在"无米下锅"问题。这些问题严重制约了我国再制造产业的发展，因此开展再制造产业培育与发展研究势在必行。

本书简要介绍欧美发达国家和地区再制造产业发展状况，详细描述我国再制造产业的发展情况；采用 SWOT 战略框架定性分析我国再制造产业，并以江苏再制造产业为例，利用灰色定权聚类方法对该产业进行定量评价；以植入型产业"种子"为研究对象，探究我国再制造产业的"植入式"培育机理，提出"复制式植入"、"吸聚式植入"和"嵌入式植入"三种再制造产业培育模式；设计涵盖企业经济绩效、社会及生态效益、企业技术效能和企业发展战略等四类指标的废旧机电产品回收模式选择评价指标体系，利用模糊网络分析实现回收模式的科学选择；针对再制造商、经销商及消费者等群体形成的废旧机电产品回收演化博弈问题，分别构建"具有直接相关性的再制造商与回收商两群体演化博弈模型"和"具有策略相关性的再制造商与消费者两群体演化博弈模型"，采用拟生灭过程理论分析各群体的长期演化稳定策略，讨论阶段博弈收益结构、学习程度及突变率等参数对其的影响，提出有助于废旧机电产品回收的具体对策及措施。

本书的编写是在国家自然科学基金项目"基于 GERT 网络的我国再制造产业培育机理与政策设计研究"（项目编号：71273131）、教育部人文社会科学研究一般项目"废旧机电产品回收机理、模式选择及演化研究"（项目编号：10YJC630157）、江苏省社会科学基金项目"再制造新兴产业的植入机制与培育模式研究——以江苏为例"（项目编号：10EYC018）及江苏省高校哲学社会科学基金重点项目"江苏再制造产业培育与发展问题及对策研究"（项目编号：2011ZDIXM052）等项目的资助下完成的，得到了项目组成员江可申教授、王子龙教授、王燕玲、吴尘凡、刘晓俊等的大力帮助，其中王燕玲参与了第6章的撰写，在此深表感谢！在调研过程中，还得到了武汉千里马工程机械再制造有限公司总经理刘斌洲及张家港富瑞特装股份有限公司、南京田中机电再制造有限公司、上海幸福瑞贝德动力总成有限公司、卡特彼勒再制造工业（上海）公司等同仁的大力支持。在著书成稿阶段，得到了科学出版社及相关编辑的大力支持与帮助，在此一并感谢！

刘文杰

2016 年 7 月

目　　录

第 1 章 绪 论

1.1 再制造的定义与内涵

1.1.1 再制造的定义

再制造(remanufacturing)最早起源于 20 世纪 30～40 年代的美国。由于当时遭遇经济大萧条且适逢第二次世界大战,资金和资源十分缺乏,该国商用汽车生产受到控制,再制造成为轿车和货车维持运转的一种有效方法,这就是再制造产生的雏形。20 世纪 80 年代初,美国正式提出"再制造"概念。此后,欧美发达国家和地区开展了再制造方面的研究与应用工作。然而自诞生以来,世界各国对再制造的理解一直存在一定分歧,学术界和企业界均无统一定义。目前,比较典型的再制造定义如下。

(1)美国再制造研究先驱、波士顿大学制造工程学教授 Robert T. Lund 的三次定义:1984 年,Lund 首先提出了再制造的概念,即再制造是将耗损的耐用产品恢复到既能用又经济的状态,其包括拆卸分解、清洗检查、整修加工、重新装配、调整测试的全生产过程[1]。此后,经过近 20 年的研究,2003 年 Lund 重新定义再制造,指出其是将功能损坏的、被淘汰的或者过时的产品恢复到如新品状态的过程,从而给产品第二次(第三次、第四次)寿命。该过程将废旧产品(也叫作毛坯)先送到工厂拆解,对拆解后的零部件进行清洗、检测、修复或者对于能够利用的进行刷新,替换不能再用的零部件,然后将零部件重新装配成再制造产品,并根据原产品的性能标准对再制造品进行检测,如图 1.1 所示。2007 年,Lund 认为再制造是通过一系列的工业过程,将已报废的产品拆卸,通过再制造技术对零部件进行修复,使其性能与寿命期望值达到或高于原零部件的性能与寿命的过程。

(2)美国汽车零件再制造协会前会长卡柯的定义为:再制造是一个将废旧产品恢复到如新品一样性能的过程。它能够节约能源和自然资源,减少填埋空间,还能通过减少材料重熔而减少再循环过程中造成的空气污染。

(3)德国拜罗伊特大学罗尔夫·施泰因希尔佩(Rolf Steinhilper)教授的定义为:再制造是将废旧产品制造成"如新品一样好"的再制造产品的资源化过程[2]。

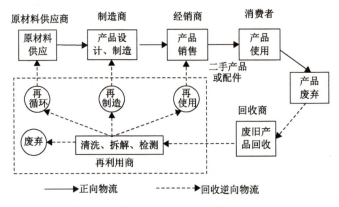

图 1.1 再制造在产品生命周期中的位置

(4) 我国再制造工程的开拓者和倡导者、中国工程院院士徐滨士的定义为：以机电产品全寿命周期设计和管理为指导，以废旧机电产品实现性能跨越式提升为目标，以优质、高效、节能、节材、环保为准则，以先进技术和产业化生产为手段，对废旧机电产品进行修复和改造的一系列技术措施或工程活动的总称[3]。简单概括，再制造就是废旧产品高技术修复、改造的产业化。

1.1.2 再制造的基本内涵

上述定义虽然表述不尽相同，但其基本内涵是大致相同的，即再制造主要是以废旧产品为毛坯，采用先进的表面工程技术等技术加工手段，使再制造产品(其价格约为新品一半)的性能恢复甚至超过新品的过程。通过实施再制造，废旧产品中蕴涵的价值得到最大限度的开发和利用，从而有效缓解资源短缺与资源浪费的矛盾，减少大量的失效、报废产品对环境的危害。

显然，再制造的主要特点可以概括为：再制造不同于再循环(采用废旧产品重新回炉获得原材料)，它的本质是修复，但不是简单维修(主要采用零部件更换方式)，而是维修的高级发展阶段。它是废旧机电产品资源化的最佳形式，是节约资源的重要手段，它高度契合了我国建设"资源节约型和环境友好型社会"的战略需求，是我国实现循环经济与可持续发展的战略途径之一。

1.2 再制造产业及其发展意义

1.2.1 再制造产业的概念及其属性

结合再制造的定义及经济学对产业的表述，再制造产业可描述为：综合运用高新再制造技术(包括表面工程、快速成型、激光熔覆、纳米涂层、特种加工等先进技术），对废旧产品进行批量化修复与改造的一种新兴产业业态。

结合再制造定义与基本内涵分析，再制造产业兼具如下四项产业属性：一是属于低碳绿色产业；二是属于新兴的现代生产性服务业；三是属于高技术劳动密集产业；四是属于高附加值产业[4]。发展再制造产业具有节约资源、降低能耗、减少污染物排放、增加就业的显著功效，可节省能源 60%，节约原材料 70%，节省成本 50%，减少大气污染 86%，减少水污染 76%，减少固体废弃物 97%，是我国循环经济产业化的重要实现形式，是一种极具发展前景的战略性新兴产业。

1.2.2 发展再制造产业的意义

（1）发展再制造产业能够节省大量能源与资源，环保作用突出，有利于我国实现循环经济与可持续发展战略。随着我国全面进入工业化社会，经济发展与资源短缺、环境污染之间的矛盾日益尖锐，成为我国政府必须面对和解决的棘手问题之一。从国内外开展再制造活动的经验来看，再制造是循环经济"再利用"的高级形式，再制造产品所需的资源与能源远低于新产品生产所需的资源与能源。以美国和我国汽车再制造为例，据美国 Argonne 国家实验室的统计，一辆再制造汽车所需的能耗是新制造汽车的 1/6，而一台再制造汽车发动机的能耗仅是新制造发动机的 1/11[5]。我国汽车再制造的数据也十分喜人。以济南复强动力有限公司再制造 5 万台斯太尔发动机为例，与旧机回炉相比，再制造发动机可节约金属 3.825万吨、节电 7250 万千瓦时、减少二氧化碳排放 3000 吨，这样可以回收废旧发动机的附加值 16.15 亿元，节省购机费用 14.5 亿元。显而易见，再制造产业发展契合循环经济理念，可形成"资源—产品—废旧产品—再制造产品"的循环经济模式，大幅提高资源利用率、保护生态环境，是实现循环经济与可持续发展战略的有效途径和重要手段。

（2）发展再制造产业有利于推动产业结构优化升级，形成新的经济增长点。再制造产业是与制造业直接相关的配套服务业，是从制造业内部生产服务部门独立发展起来的新兴现代生产性服务产业。从产业角度来看，由于再制造是制造与修复、回收与再利用、生产与流通的有机结合，可为制造企业腾出更多的余地进行技术创新、新产品研发与设计，促进制造业产业结构调整、产品更新换代、生产技术及人员素质提升。发展该产业可有效促进制造业和现代服务业发展，从而推动我国产业结构优化升级。与此同时，发展再制造产业可以创造巨大的经济效益。以美国发展再制造产业为例，2013 年该国就拥有数万家再制造企业，年再制造产值高达 1000 亿美元，成为美国经济发展的一个支柱产业。目前，我国发展再制造产业的潜力巨大，它将成为我国中央及各地方政府寻求经济发展突破的新的经济增长点。

(3)发展再制造产业能够创造新的商业机会,有利于扩大就业。相对于新产品生产,再制造的生产操作流程更为繁杂。譬如,由于回收的废旧产品多种多样且新旧程度不一,其需要经过拆解、清洗、零件检测与筛选等额外的生产流程。除此之外,上述生产流程的工作性质特殊,使用机器的成本太高,往往需要靠人工完成。有研究表明,再制造过程中以劳动力为主的人力成本开销约占再制造总成本的 60%以上。因此,与同类制造业比,再制造产业的就业人数是制造业的 2～3倍,可以提供大量的就业岗位。以美国为例,全美再制造产业有专业化再制造公司数万家,直接雇员达到 100 万人,其年总产值和雇员总数均超过美国传统支柱产业——钢铁产业。通过更深层次的分析可知,在再制造产业发展的同时,也为整条产业链上的相关企业提供一定的商业契机。譬如,再制造需要特殊加工设备,从而为设备制造商提供了更多的生存与发展机会。因此,发展再制造产业能够创造新的商机,有利于扩大就业,有效缓解就业紧张局面。

(4)发展再制造产业能够降低企业成本和提升企业社会形象,有利于增强企业竞争力。对于企业而言,开展再制造可以节约大量的资源与能源成本。这种由成本节约所带来的竞争优势,可以使企业以更低的价格向顾客提供产品,提高本企业产品的市场竞争力。与此同时,随着公众环保意识的提高,再制造能够为企业树立起良好的"绿色形象",从而增加消费者对其的认同感与忠诚度,进而在激烈的市场竞争中为再制造企业创造更多的需求。

1.3　再制造产业发展研究分析

1.3.1　国内外再制造产业发展研究

进入 21 世纪以来,世界各国(包括中国、印度、巴西等发展中国家)均十分重视再制造产业发展问题,鼓励再制造企业、研究院所及专家学者围绕再制造开展广泛而深入的研究。目前,再制造产业发展研究主要集中在再制造产业发展与经济、政府政策、法律的互动关系,再制造产业发展模式,再制造产业发展现状、问题及对策,以及产品回收行为、模式及回收博弈等四个主要方面。

1. 再制造产业发展与经济、政府政策、法律的互动关系

再制造产业发展不是一个孤立的过程,其必然与该国经济发展、政府政策及法律法规存在相互影响与相互作用的联系。

1)再制造产业发展与经济发展的关系

Sima 和 Wang 定性研究了再制造产业集聚与区域经济可持续发展的关系[6];Ferrer 和 Ayres、朱庆华等则分别采用投入产出模型定量分析了再制造产业对经济

发展的影响，结果显示发展再制造产业可以有效降低经济总投入[7, 8]。

2) 再制造产业发展与政府政策的关系

田军和冯耕中分析了国内外电子废弃物回收存在的问题，从回收利用体系建设、加强社会监管和政府监管等方面提出了应对该问题的政府政策建议[9]；崔选盟在介绍日本汽车回收利用制度的内容、运行机制及特点的基础上，分析了对我国报废汽车回收利用的启示作用[10]；Mitra 和 Webster 主要探讨了政府补贴对再制造产业发展的影响，指出政府补贴能显著增加废旧产品回收率[11]；而徐娟和马海莲则指出仅靠政府财政补贴难以支撑产业发展，需建立完善的产业投融资机制[12]；常香云等则采用系统动力学模型，研究了在碳税和补贴等不同政府政策情景下的制造与再制造技术选择问题[13]。

3) 再制造产业发展与法律法规的关系

唐良富指出了我国再制造法律法规存在的不足，并提出修改建议[14]；蒋悦指出了我国电子废弃物现行立法中存在的立法原则不统一，现行法律、法规冲突，责任体系不完备，缺乏经济激励条款等一系列法律相关问题，重点论述了我国电子废弃物立法构想(包括基本原则、权利义务内容、生产者责任延伸制度和处罚)，提出了配合电子废弃物回收立法的协调手段及税收、信贷、财政等方面的具体经济激励条款[15]；罗敏针对我国电子废弃物回收的现行立法缺陷，在借鉴发达国家成功经验的基础上，提出完善我国电子废弃物管理的立法建议，重点解决了由谁管理(政府)、以何管理(专门电子废弃物法律和法规)、回收费用由谁承担(提供专门资金保障)、由谁提交(电子废弃物拥有者)、由谁处理(专门回收处理企业)等一系列问题[16]。

2. 再制造产业发展模式

国外研究机构和学者研究再制造产业发展模式的相对较少，日本学者Mitsutaka Matsumoto 针对独立再制造日益增多的现实情况，采用书籍、汽车零部件作为典型案例，分析研究了独立再制造商环境下的再制造产业发展模式，并提出了有效增加废旧产品回收数量及刺激再使用产品需求量的策略[17]。相对国外而言，国内学者则开展了较为深入的再制造产业发展模式研究，研究主要集中于汽车再制造产业。其中，许春燕和王蕾分析了吉林省汽车再制造产业发展的特点，提出了汽车产业园区建设与发展、法律与政策推进和依靠技术推动等三种汽车再制造产业发展模式，并提出针对性的建设方案[18]；Zhang 等分析了制约我国汽车再制造产业发展的政策性、技术性和意识性等因素，根据产业生命周期的萌芽期、成长期、成熟期等三个不同阶段所需资源投入侧重点的不同，提出政府激励、技术推动和市场引导等汽车再制造产业发展模式[19, 20]；潘福林和刘磊借鉴国外汽车再制造产业发展的成功经验，提出了"五要素"联合发展、汽车产业生态园区发展和技术推动发展等汽车再制造产业发展模式，并提出了相应的发展对策[21]。此外，徐建中等分析了我国再制造产业发展现状，提出了政府规划推动、企业联盟促进和公众参与刺激等三种再制造产业发展模式[22]；而黄震基于再制造产业集聚思想，提出了以"再制造工业园区"为主体的发展模式[23]。

3. 再制造产业发展现状、问题及对策

目前，我国再制造产业正处于产业生命周期的萌芽期末端和成长期初期这一特殊阶段，国内再制造企业、学者均十分关心再制造产业发展现状、问题及对策研究。卢登峰分析了国内外电子废弃物回收存在的问题，并从回收利用体系建设、加强社会监管和政府监管等方面提出了应对电子废弃物问题的对策与措施[24]。陈海威在提出再制造产业概念的基础上，指出我国再制造产业目前存在五大突出问题：发展长期滞后、行业整体缺乏竞争力、产业政策不健全、产业准入壁垒高、技术创新体系不完善。针对这些问题，加快再制造产业发展要从完善法律体系、加强产业监管和完善科技政策三方面进行[25]。徐滨士院士和王肃指出我国再制造产业存在产业发展认识缺乏、产业政策尚未形成和再制造物流体系亟待建立等问题，提出深化再制造示范试点工作、建立政策激励机制、监管再制造生产与流通等产业发展对策[26, 27]。李玉玲认为我国再制造产业发展存在政策法规与标准滞后、旧件流通不畅、整体技术水平落后和消费者认知有限等四个问题，据此提出了产业发展建议[28]。刘友金和胡黎明探讨了再制造产业经济学研究的现状、再制造产业的概念内涵及产业特征，指出了再制造产品的供给与需求机理、再制造产品价格形成机制、再制造产业的市场主体及组织模式、再制造产业福利经济学评价等若干经济学问题，为从经济学视角对再制造产业作进一步研究提供了可供借鉴的思路[4]。Zhu 等采用决策试验与评价实验室模型（decision-making and trial evaluation laboratory，DEMATEL），分析了制约我国再制造产业的 34 个内、外部障碍，指出缺乏资金、再制造技术标准不完善、再制造产品需求不足是产业发展的主要障碍[29]。Sharma 等则认为政府支持不足、再制造质量标准和技术规范缺乏是印度再制造产业发展存在的主要问题[30]。

4. 产品回收行为、模式及回收博弈

相对于传统制造，废旧产品就是再制造企业的原材料，因此，废旧产品回收是开展再制造的首要环节。能否实现废旧产品高效、低成本回收，成为直接关系再制造产业发展的至关重要的一个环节。在废旧产品回收实施过程中，回收行为分析、回收模式选择及回收博弈与激励机制等问题成为产业发展关注的重点问题。

1) 产品回收行为分析

如何把握产品回收行为一直受到国内外学者的普遍关注。目前，该研究主要划分为以下两类。

A. 消费者回收行为分析

代颖等认为消费者回收行为研究主要涉及回收行为影响因素、回收行为分析方法和基于回收行为分析提升废旧产品回收率三个方面[31]。王珺和顾巧论构建了消费者回收行为的主要因素与消费者回收意向两者之间的回归方程，分析了影响消费者回收行为的因素，提出建立完善回收体系、制定回收法律法规、加强回收宣传等提升产品回收率的建议[32]。李春发等通过引入消费者交易感知中介变量，分析了报废电子电气设备 (waste electrical and electronic equipment，WEEE) 回收网站交互性与消费者回收行为间的关系：WEEE 回收网站交互性对消费者回收行为和消费者交易感知均具有显著正向影响[33]。刘永清等在问卷调查的基础上，采用 SPSS 软件分析了影响消费者回收行为的主要因素，指出服务动机、行为态度、主观规范、经济动机、公众宣传对消费者回收行为影响最为显著[34]。

B. 企业回收行为分析

Hansmann 等基于问卷调查和回归方程分析，研究了电子产品回收企业在回收过程中的主动参与意识、逃避责任行为[35]。王兆华和尹建华运用 Logistic 回归方程模型揭示了家电企业的回收行为特征：回收制度及法规、消费者要求的回收意愿、管理者的环境意识、回收的经济效益对家电企业回收行为具有正向的显著影响[36]。胡纾寒采用网上问卷调查方式研究了影响我国废旧汽车回收企业行为因素，采用 SPSS 软件对调查结果进行统计分析和因子分析，得出车主交车积极性、企业收车积极性和废旧车辆监管是影响我国废旧汽车回收的主要因素[37]。张玉春和郭宁构建了包含制造商、零售商和第三方回收商的三级闭环供应链的系统动力学模型，运用 Vensim 仿真软件分析了回收商行为对各级成员订货率的影响[38]。

2) 产品回收模式选择

废旧产品回收主要包括制造商 (或再制造商) 回收、经销商回收、第三方企业回收及制造商 (或再制造商) 与经销商联合回收等诸多回收模式，其中制造商可以同时开展再制造业务，成为再制造商。为了寻求适合企业的最佳回收模式，国内外企业和学者开展了较为深入的研究，研究可分为定性研究与定量研究两类，具体如下。

A. 回收模式选择定性研究

Spicer 和 Johnson、许志端和郭艺勋、罗卫均从生产商延伸责任的视角出发，定性分析了制造商回收、制造商联合回收、第三方企业回收等三种产品回收模式，指出第三方企业回收是最佳回收模式[39-41]；闫欣欣和金姣则定性讨论了不同产品回收模式的优、缺点，着重分析了影响回收模式选择的关键因素[42]。

B. 回收模式选择定量研究

Govindan 等利用结构方程模型分析了如何选择第三方回收企业的问题[43]。Savaskan 等、姚卫新、魏洁和李军、王璇和梁工谦分别构造了制造商回收、经销商回收和第三方企业回收等不同回收模式下各参与企业的利润函数模型，依据利润最大化原则实现产品回收模式优选[44-47]。公彦德和李帮义利用博弈分析方法，构建了经销商回收和制造商回收两种回收模式下的闭环供应链模型，着重分析了制造商采用回收外包的临界条件[48]。熊中楷和梁晓萍首次考虑消费者的环保意识因素，分别建立了制造商回收、制造商委托经销商回收和制造商委托第三方企业回收的博弈模型，并对比分析了三种回收模式的最优解，探讨了消费者环保意识对最优解的影响。研究发现：当消费者环保意识水平提高时，三种回收模式的批发价、零售价、回收率、环保努力水平、渠道成员利润和渠道总利润均提高[49]。任鸣鸣和仝好林建立了包含生态经济效益、成本能力、再资源化能力和发展战略等四个评价准则的回收模式选择评价指标体系，采用模糊综合评价方法研究了制造商回收、制造商联合回收和第三方企业回收的模式选择问题[50]。

3) 产品回收博弈分析

采用博弈论研究产品回收问题是再制造闭环供应链研究的一个热点。目前，从研究方法上加以区分，产品回收博弈主要分为以下两类。

A. 产品回收静态与动态博弈研究

姚卫新构建了由原始制造商和非原始制造商构成的产品回收竞争博弈模型，讨论了再制造成本等参数对竞争均衡的影响[51]。李金勇等构建了政府与企业之间的动态博弈模型，研究了折现系数和社会损失系数对博弈主体决策行为的影响[52]。陈章跃等建立了由制造商、再制造商及一组策略型顾客组成的闭环供应链动态博弈模型，分析了当由再制造商负责产品回收与再制造时，顾客策略行为和再制造产品质量水平对闭环供应链的产品价格、利润、消费者剩余的影响[53]。代应等建立了报废汽车回收过程中政府与汽车回收责任体的博弈模型，分析了博弈双方的稳定性条件，揭示博弈双方的行为特征及其对稳定状态的影响：汽车回收责任体回收的成本与收益、政府对企业的奖惩力度及政府监督成本是影响博弈结果的主要因素[54]。

B. 产品回收演化博弈研究

殷向洲构建了包含制造商与经销商两群体的闭环供应链演化博弈模型，模型将不同合作策略与回收模式相对应，形成了闭环供应链成员合作策略协调问题。研究利用复制动态方程演算获得了博弈双方群体的演化稳定策略，并讨论了市场需求、回收价格对演化稳定状态的影响：市场需求对演化稳定策略没有影响，而回收价格对演化稳定策略影响巨大[55]。韩小花和薛声家在竞争的制造商共用一个强势零售商的市场结构下，采用演化博弈研究了闭环供应链回收渠道选择问题。研究结果表明制造商之间的竞争程度、产品回收难易程度和再制造成本节约共同影响回收渠道演化结果，政府补贴政策可以促使制造商都选择直接回收渠道的演化稳定策略[56]。王世磊等为探究政府管制在企业实施逆向物流中的作用，运用演化博弈理论构建一个政府与企业的演化博弈模型。模型分析结果显示：企业实施逆向物流的成本与收益、政府监管的有效性及对企业不实施逆向物流的惩罚力度都直接影响系统演化的结果；政府加大惩罚力度、提高监管效率，企业树立逆向物流的思想、加强企业间合作与交流，是双方实现长期共赢的唯一途径[57]。

1.3.2 再制造产业发展研究分析

国内外学者在以上四个方面开展了深入的研究，并取得了丰富的研究成果，从而为本书提供了借鉴与参考。然而分析可知，研究也存在以下不足之处。

(1)我国再制造产业发展分析不尽系统全面，产业评价尚未开展，难以客观全面认识产业发展情况和科学把脉区域产业发展差异。现有我国再制造产业发展分析具有一个鲜明特点，即绝大部分研究侧重于分析产业发展存在的主要问题，并提出针对性发展对策。研究无法对该产业形成全面系统的认识，特别是认识产业发展的优势、机遇及面临的未来挑战，难以帮助政府、再制造企业、金融机构、科研院所等再制造产业参与者提振发展该产业的信心和决心，并做好有效应对产业发展困境的准备与方案。此外，由于缺乏再制造产业发展评价方面的相关研究，特别是定量方面的评价研究，政府难以把握区域再制造产业的发展差异，无法为其发展提供明确可行的产业支持。

(2)再制造产业培育机理和培育模式鲜有研究，是导致国内该产业发展规模与发展速度始终不尽如人意的重要原因之一。我国再制造产业自发展初期至现在，始终存在着外商独资和合资再制造企业所占比重偏大的现象，近年来还出现了许多国内知名再制造企业在其他省份开设再制造企业的情况。譬如，国内知名工程机械再制造企业三一重工分别在浙江、安徽、湖北、河北、新疆、四川等八个省份建立再制造企业。因此，我国再制造产业呈现较为明显的"植入式"发展特征(关于"植入式"的解释详见本书第4章)。然而，由于缺乏"植入式"产业培育机理与培育模式方面的深入研究，上述再制造企业一直无法快速达到预期发展规模，这成为我国再制造产业发展整体规模偏小且发展速度相对滞缓的重要原因之一，严重影响了该产业健康快速发展。

(3)产品回收模式研究难以有效满足现实需求，造成企业决策者难以科学抉择采用何种回收模式的不良局面。产品回收模式选择涉及经济、社会、技术等多种定向和定量评价指标，且评价指标之间存在相互影响、相互作用的内在联系。纵观已有产品回收模式选择研究，定性研究文献[39-42]无法考量定量评价指标；定量研究文献[43]仅分析了第三方企业回收模式选择问题；文献[44-49]实质上仅考虑了经济指标对回收模式选择的影响；文献[50]虽然建立了包含上述类型评价指标的模糊综合评价模型，但其无法分析评价指标之间的内在关系及其对回收模式选择的影响。显然，现有产品回收模式研究难以满足现实情况的需求，从而造成了企业难以抉择选用何种回收模式的不良局面。

(4)产品回收博弈研究尚未涉及消费者这一关键群体，难以解决当前再制造企业面临的"无米下锅"难题。在我国再制造产业发展过程中，大多数再制造企业面临着"无米下锅"的难题，即消费者不愿意将废旧产品提供给正规回收企业，导致再制造企业因缺乏"原材料"而生产能力利用率严重不足。废旧产品回收再制造的实质是由再制造商(可以由制造商承担)、回收商(可以由再制造商、经销商或第三方企业承担)及消费者等多个群体开展演化博弈的过程。消费者群体作为废旧产品的提供者和再制造产品的需求者，在演化博弈过程中必须予以充分考虑。然而，现有产品回收博弈研究文献[51-54]不属于演化博弈研究，文献[55-57]虽然属于演化博弈研究，但其仅讨论了制造商群体与经销商群体[55]、制造商群体与单个经销商[56]、政府与企业[57]之间的演化博弈过程。显而易见，他们尚未涉及消费者这一关键群体，再制造企业出现"无米下锅"也就在所难免。

鉴于现有再制造产业发展研究存在的上述不足，本书主要开展我国再制造产业发展分析与评价、再制造产业培育机理分析与培育模式设计、废旧机电产品回收模式选择及废旧机电产品回收群体演化博弈等四个主要问题的研究，以期对国内该产业发展提供理论依据和决策参考。

第2章 再制造产业的国内外发展状况

2.1 国外再制造产业发展情况

20世纪30~40年代，美国汽车制造业率先开展了再制造实践。经过近80年的发展，以美国、德国、英国、荷兰、日本等为代表的欧美发达国家，建立了涵盖废旧产品回收与拆解检测、再制造生产管控、再制造技术研发及再制造产品营销等诸多单元的再制造产业体系，再制造产品涉及航空航天、重型越野设备、汽车零部件、火车机车、信息技术产品、电气设备、医疗设备及办公器具等众多领域，形成了完善的再制造运作模式和成熟的再制造市场环境。特别是近10年以来，国外再制造产业发展异常迅速。其中，美国再制造产业年产值从2005年的750亿美元迅速上升到2013年的1000亿美元，成为全球再制造产业规模最大的国家。在此期间，再制造产业年平均增长率约为3.66%，远高于2013年该国1.9%的国内生产总值(gross domestic product，GDP)增长率。而全球再制造年产值也从2005年1000亿美元上升到2013年1500亿美元，年平均增长率约为5.2%。因此，国外将再制造产业称为"朝阳产业"或"产业中的巨人"。纵观国外再制造产业发展，美国、欧洲、日本等再制造产业强国和地区在再制造技术与管理和再制造企业实践两个方面开展了大量工作。

2.1.1 国外再制造技术与管理研究

为了有效推动再制造产业的发展，美国、欧洲、日本等国家和地区的大学、科研机构及行业协会开展了一系列再制造技术与管理研究工作。

1. 美国再制造技术与管理研究

作为全球再制造产业规模最大的国家，美国的大学、政府机构与再制造行业协会历来十分重视再制造技术与管理研究工作。其中，表现最为突出的分别是麻省理工学院、波士顿大学与罗彻斯特理工学院。20世纪70年代末，麻省理工学院首先开展了再制造技术方面的研究。1984年，在世界银行资助下，原麻省理工学院Robert T. Lund完成了《再制造：美国的经验及对发展中国家的启示》的研究报告。该报告深入分析了再制造产品的适宜种类、再制造质量控制、再制造产品销售与市场规模及再制造入市门槛等诸多问题，对于推动全球再制造产业发展具有重要作用[58]。

1996 年,加盟波士顿大学的 Robert T. Lund 教授在美国 Argonne 国家实验室资助下,领导一个研究小组对该国再制造产业开展了进一步的深入调研,撰写了轰动全球再制造企业界和学术界的研究报告《再制造业:潜在的巨人》[59]。该研究建立了一个拥有 9903 个再制造企业的数据库,涉及汽车、压缩机、电器、机械制造、办公设备、轮胎、墨盒、阀门八个工业领域。他们随机抽选调查了 1003 个再制造公司,获得了年销售额、雇员人数、再制造产品种类等大量数据信息。利用这些数据,研究小组从再制造概念、再制造策略、再制造环境分析、产品失效与寿命评估、回收与拆卸方法、再制造设计与方法、质量控制管理、成本分析、再制造软件工具开发、再制造对美国发展贡献等方面,详细阐述了美国再制造的技术与管理问题。2003 年,William Hauser 和 Robert T. Lund 两位教授联合通过深入访谈 274 家不同类型的再制造企业,形成了研究报告 *The remanufacturing industry: anatomy of a giant*。该报告分析了再制造产业发展中的销售及市场、产品设计与生产、劳动力、投资、成本及产业发展机遇与障碍等问题。在 1996 年和 2003 年两份研究报告的基础上,2008 年,两位教授联合撰写了《再制造:运作实践及战略》。该报告主要从运作层和战略层两个层面,深入探讨了再制造企业的生产运作及商业模式问题。2012 年,鉴于美国当时尚未将再制造列为重点关注产业,缺乏官方再制造企业统计数据的现实情况,Robert T. Lund 教授带领研究团队构建了更为系统、全面的再制造企业数据库。该数据库涉及美国和加拿大等北美地区的再制造企业,并提供研究简报供全球再制造研究学者和科研机构免费下载。美国罗彻斯特理工学院成立了国家再制造与资源恢复国家中心(National Center for Remanufacturing and Resource Recovery,NC3R)。该中心主要从事再制造工程技术研发及企业推广工作,并多次承办再制造技术会议。除此之外,美国其他知名大学也开展了再制造技术的研究和教学工作。譬如,田纳西大学主要针对汽车行业开展再制造技术研究;北卡罗来纳大学凯南-弗拉格勒商学院则侧重于再制造逆向物流的教学与研究工作。

除了大学展开再制造技术与管理研究之外,美国政府机构与再制造行业协会也开展了相关工作。其中,美国政府主要从构建 3R 体系[再利用(reuse)、再循环(recycle)和再制造(remanufacture)]、颁布鼓励再制造发展的法令及开展专项财政支持与税收优惠等三个主要方面,有力推动美国再制造产业的快速发展。20 世纪 90 年代起,美国从产业角度建立了 3R 体系,联邦政府及部分州采用发布产业调研报告和出台法令等方式积极推动再制造产业发展。1999 年得克萨斯、加利福尼亚、康涅狄格等州出台法案,鼓励国家机构优先采购再制造产品;2000 年纽约州则进一步签署了推进再制造企业发展的法令,实施再制造企业税收抵免;2012 年美国国际贸易委员会(United States International Trade Commission)发布了长达 284 页的调研报告《再制造产品:美国及全球再制造业、市场和贸易综述》。该调研报告系统全面分析了美国再制造业发展总体状况、再制造产业主要部门，以及欧洲、巴西、印度和中国等国家或地区的再制造业概况，其主要目的是在评估现有再制造业市场规模和影响的同时，为美国再制造业下一步发展提供政策咨询[60]。而再制造行业协会则利用自身优势促进再制造产业发展。目前，美国成立较早且影响较大的再制造行业协会主要包括北美汽车发动机再制造协会（Production Engine Remanufacture Association，PERA，成立于 1922 年）、汽车零部件再制造协会（Automotive Parts Remanufacture Association，APRA，成立于 1941 年）及汽车回收协会（Automotive Recyclers Association，ARA，成立于 1943 年）。上述协会通常拥有上千家遍布美国甚至全球的再制造会员企业，主要以信息发布（包括再制造技术、废旧产品及再制造产品价格、买卖信息等）、技术论坛、再制造产品展览会及再制造年会等形式，为会员企业提供信息交互平台，并负责管理、协调再制造企业之间的一切技术、设备、产品、备件供应等事宜。譬如，APRA 在美国、欧洲和亚太地区设有分支机构，目前在全球拥有超过 1000 家会员单位。自 1988 年开始，APRA 每逢单、双年分别在荷兰阿姆斯特丹和美国拉斯维加斯两地举办国际再制造展览"Big R Show"。此外，APRA 每年还会召开汽车零部件再制造研讨会。而 PERA 每月都出版关于再制造产品市场、销售、生产和管理的报道，并主办了《汽车再制造杂志》。美国政府机构与再制造行业协会的共同努力，推动了该国再制造产业的健康快速发展。

2. 欧洲再制造技术与管理研究

英国、德国、荷兰为首的欧洲国家也开展了再制造技术与管理方面的研究工作。其中，英国的咨询机构在推进该国再制造业发展过程中发挥了重要作用。2004年，咨询机构 Oakdene Hollins 发布了英国首个再制造研究报告《英国再制造业：可持续发展的重要助推器》。该报告全面评估了该国再制造业总体状况及各细分行业的再制造状况，指出该产业是英国实现可持续发展的理想助推器[61]。2008 年，该机构进一步发布了《促进英国再制造业发展的政策方案》，指出了英国再制造业发展需要政府制定防治环境污染和提高资源利用效率的相关政策[62]。同年，针对消费者对再制造产品存在购买偏见的问题，英国谢菲尔德大学再制造和再利用中心（Center for Remanufacturing and Reuse，CRR）公布了研究报告《再制造、修理以及再使用产品的公众认知态度与购买行为》。该报告重点分析了消费者的社会经济地位、年龄、生活状态、性别、地区差异等因素与消费者的再制造产品认知态度、购买行为的内在影响，从而为开展消除偏见的公众教育提供依据[63]。2013年，独立咨询机构绿色联盟下属的循环经济工作组发布了《建设资源弹性的英国》的咨询报告。该报告通过大量案例调研，指出再使用（reuse）和再制造（remanufacture）是解决英国资源短缺问题的根本举措[64]。

德国、荷兰的大学与欧洲再制造行业协会也开展了相应的工作。其中，德国拜罗伊特大学成立了欧洲再制造中心，专门从事再制造关键技术攻关工作。该中心的全球知名再制造专家 Rolf Steinhilper 教授长期从事再制造技术方向的研究。柏林工业大学十分注重再制造设计与再制造拆解技术方面的研究，该学校针对拆卸性能、设计结构与紧固方式等设计要素进行研究，并开展了平板显示器关键零部件（包括液晶显示器、印刷线路板、冷阴极荧光灯）的拆解再利用研究。荷兰 Erumas 大学教授 Erwin 则主要从事再制造生产与库存控制领域的理论研究工作，并在管理学领域顶级期刊 *Management Science* 发表多篇科学论文，有力促进了再制造企业生产管理水平的提升。此外，欧洲也成立了国际发动机及零部件再制造专业委员会，目标是指导再制造企业为社会提供绿色、经济的再制造产品。

3. 日本再制造技术与管理研究

从现有资料来看，与美国和欧洲相比，日本大学与科研机构对再制造技术与管理研究的重视程度相对不足。然而，日本政府考虑到受国土面积偏小、资源严重贫乏等因素的制约，基于"资源环境立国"的战略考量，积极开展立法工作推进资源循环性社会的建设，从而推动了再制造产业的发展。早在 1970 年，日本就颁布了《废弃物处理法》，采用罚款、征税等惩罚措施惩戒非法丢弃废旧产品（特别是废旧机电产品）的行为，对于情节严重的甚至会处以 5 年以下有期徒刑或 1000 万日元的巨额罚款。而进入 20 世纪 90 年代以来，日本在资源循环利用方面一直走在世界前列。该国政府积极推行"减量化（reduce）、再利用（reuse）、资源化（resource）"的 3R 发展战略，并连续出台了《家用电器回收利用法》（1998 年）、《循环型社会形成推进基本法》（2000 年）和《汽车循环利用法》（2002 年）等一系列法律法规。其中，《汽车循环利用法》是全球最早针对汽车回收利用实施的立法之一，它一方面规范了废旧汽车的回收拆解行为；另一方面通过设立循环利用基金的形式制定了针对废旧汽车回收处理企业的政府扶持政策。上述法规的出台，使得中央与地方政府、企业及普通消费者之间达成将废旧产品视为"都市矿山"的共识，有效推动了家电、电子产品及汽车零部件等废旧产品的回收与再制造工作，从而实现了降低污染物排放、促进资源循环利用的社会发展目标。

2.1.2　国外再制造企业实践

1. 美国再制造企业实践

1）美国再制造企业实践的主要特点

作为再制造的发源地，美国是全球最大的再制造产业基地，在全球再制造产业发展过程中起到了领头羊的作用。回顾和总结该国再制造企业的发展，其具有以下四个典型特点。

A. 美国政府和军方大力支持再制造发展

进入 21 世纪以来，美国政府认为：传统制造业快速发展带来了资源枯竭与环境污染等严重问题，这对美国实现可持续发展构成重大威胁，因此只有发展循环经济才是唯一出路。基于这一认识，该国政府采取一系列措施积极推动再制造产业发展。2000 年，美国正式将 11 月 15 日定为"美国再循环日"。当时的美国总统克林顿发表讲话，呼吁美国商业机构致力于产品再循环工作，鼓励消费者购买再循环产品。与此同时，该国将再制造技术研究列为国家科学技术委员会制订的六大跨政府各部门的综合性国家科技计划之一。2015 年，美国总统奥巴马签署了《联邦汽车维修成本节约法案》，这意味着再制造在美国正式立法通过，鼓励联邦政府机构优先采用再制造汽车零部件，将对再制造产业的进一步发展起到至关重要的作用。

美国军方同样高度重视再制造发展，并将先进再制造技术作为武器系统性能升级与装备延寿的关键手段之一。隶属于美国国家科学研究委员会的"2010 年及其以后国防制造工业委员会"制定了 2010 年国防工业制造技术的框架，将武器系统再制造（包括直升机、主战坦克、战斗机及洲际导弹等）列为国防工业的重要研究领域，并声称为武器装备再制造企业发展提供强力技术支持。军用装备大量使用再制造零部件，不但能够有效降低装备制造成本，而且能延长装备使用寿命。譬如，美国在 1980 年和 1996 年两次对 1948 年开始设计的 B-52 轰炸机进行再制造技术改造，到 1997 年平均自然寿命还有 13 000 飞行小时，预计可延长到 2030 年，比一般飞机服役期增长 1 倍以上。而在海湾战争中，美军陆军支援大队在短短 3 个月的时间内，利用再制造技术恢复了战区 70% 的损坏装备，共改造和修理了 3.4 万多个装备部件[65]。显而易见，美国军方成为再制造的重要受益者之一，再制造推动了该国国防工业的发展。

B. 再制造产业发展迅速，产业规模与出口额独霸全球

自 20 世纪 90 年代中期以来，在政府大力支持下，美国再制造产业发展迅速，产业规模日益扩大。1996 年，美国再制造业调查报告《再制造业：潜在的巨人》显示：美国专业化再制造公司为 5 万多家，产业年产值为 530 亿美元，接近美国钢铁产业产值 560 亿美元，直接雇员 48 万人，雇员总数超过美国钢铁产业的 24 万人。2005 年，美国专业化再制造公司已达 7.3 万多家，产业年产值上升到 750 亿美元，直接雇员达到 100 万人，年总产值和雇员总数均超过美国钢铁产业。而到了 2013 年，美国再制造产业年产值则飙升到 1000 亿美元，约占全球再制造产业年产值的 2/3，产业规模居全球首位。在产业飞速发展的同时，美国政府鼓励实施再制造产品出口。据美国国际贸易委员会的统计，2012 年该国再制造产品出口额高达 420 亿美元，成为全球最大的再制造产品出口国。

C. 再制造产业发展以市场为主导，多种形式再制造企业共同参与

美国再制造产业之所以在全球独树一帜，主要归功于该产业具有以市场为主导的良好发展环境。目前，美国再制造企业运作形式可谓灵活多样，主要包含大型独立再制造公司，原制造商投资、控股或授权生产的再制造企业，以及数以万计的小型再制造工厂等三种形式。其中，大型独立再制造公司主要根据维修市场的需求安排不同厂家、不同种类再制造产品的生产，再制造产品主要流入社会维修市场；原制造商投资、控股或授权生产的再制造企业主要针对本企业的产品实施回收再制造业务，同时再制造产品直接进入本企业的流通体系；小型再制造工厂则直接对客户的旧件开展再制造业务，再制造产品不会进入社会维修市场。上述三种再制造企业在开展业务的过程中，通常不能获得政府的财税补贴，它们的生存与发展壮大主要依靠在激烈的市场竞争环境下为客户提供物美价廉的再制造产品实现，呈现出以市场为主导的优胜劣汰。

D. 再制造产品领域广泛，汽车零部件和工程机械再制造独树一帜

目前，美国再制造产品的范围覆盖汽车零部件、工程机械、机床、家用电器、办公设备、信息技术产品、医疗设备、铁路装备(包括机车、轮对及转向架等)、工业阀门及武器装备等众多产品，应用领域可谓极其广泛。例如，惠普公司提出了名为"地球伙伴计划"的全球环保硒鼓回收计划，并对90%的回收硒鼓实施再制造；施乐公司推出"绿色再制造计划"，由公司支付费用回收和重复使用墨盒等零件，使公司制造成本降低40%~65%；国际巨头IBM公司也曾开展废旧计算机芯片的回收再利用；北美最大的铁路装备再制造企业 Progress Rail 公司(2006年被卡特彼勒公司收购)主要从事铁路机车再制造。在所有再制造产品领域中，汽车零部件和工程机械再制造的产值与规模最大，可谓一枝独秀。2013年，美国汽车零部件和工程机械再制造企业总数超过5万多家，年总产值超过700亿美元，年总产值和利润均已超过钢铁行业，成为美国经济发展的一个支柱产业。

2) 美国典型再制造行业的企业实践

A. 汽车零部件再制造企业实践

美国开展汽车零部件再制造已有80多年的历史。第二次世界大战期间由于汽车损耗巨大，美国国内商用汽车(包括轿车和货车)维修零部件严重缺乏，为此美国国内出现了汽车零部件再制造。此后，为了有效应对20世纪70年代的全球能源危机和美国国内资源与环境危机，美国汽车零部件再制造在技术成熟性、经济性及产业规模等方面均已发展成熟。早在几年前，全美汽车零部件再制造的年产值已超过500亿美元，成为汽车工业及美国经济不可或缺的组成部分。目前，美国从事汽车拆解与再制造的企业超过32 000家，生产近50种汽车零部件再制造产品，主要包括内燃式发动机、起动机、发电机、传动装置、离合器、转向器、

化油器、水泵、空调压缩机、刮水器马达、油泵、刹车动作筒等。其中,再制造发动机已达到年产量 500 万台的规模。汽车零部件的再制造比例已达 80%以上,再制造零部件占美国汽车售后服务市场份额的半壁江山,部分再制造零部件甚至接近 100%。譬如,再制造发动机、自动变速箱的市场份额达到 70%以上;再制造起动机和发电机的市场份额已超过 90%。

在美国众多汽车零部件回收再制造企业之中,不乏世界级的再制造巨头。其中,1999 年福特、通用和克莱斯勒三大世界知名汽车制造商在密歇根州共同建立了汽车回收研究工程中心,并结成全球最大的废旧汽车回收联盟之一,专门研究汽车零部件拆卸与再制造技术。福特公司考虑废旧汽车回收再制造带来的丰厚利润,还自建了全球最大的汽车回收中心,并斥巨资购买下欧洲最大汽车修理连锁公司,全面开展汽车零部件再制造业务,一年可以实现 10 亿美元的营业收入。通用汽车也自建了再制造公司,该公司每年销售大约 250 万件再制造零部件。而作为美国最大的二手汽车零部件与再制造零部件供应商的 LKQ 公司,自 1998 年成立以来先后收购了 230 多家国内汽车拆解再制造企业及汽车零配件公司,并组建了全国性贸易联盟销售发动机、变数箱为主的再制造汽车零部件。2014 年,该公司营业收入达到 67 亿美元。

B. 工程机械再制造企业实践

20 世纪 70 年代开始,全球原材料供应短缺导致价格上涨,加之环保理念在美国全境深入人心,美国工程机械制造企业的利润空间受到挤压,它们逐渐开始审视具有资源节约和环境保护双重功效的再制造业务。此时,汽车零部件再制造的成熟经验及消费者对再制造产品的充分认可,也为工程机械企业开展再制造奠定了优良的基础。

在工程机械再制造领域,美国卡特彼勒公司是当之无愧的全球最大、技术实力最强的工程机械制造与再制造巨头。该公司自 1973 年开始再制造技术研发,并涉足工程机械产品再制造。经过 30 多年的探索发展,自 2004 年开始公司采用“海外收购”和“建立海外工厂”等形式全面推行再制造全球化战略布局,再制造业务已遍布北美、欧洲及亚太等地区。截至目前,该公司已在美国、英国、法国、墨西哥、中国及印度等八个国家建立了 19 家再制造企业和 160 条生产线,主要涉及柴油发动机、卡车传输装置和其他重型设备组件的再制造。其中,在海外收购方面,2004 年卡特彼勒接连收购了英国 WealdStone 工程公司等三家再制造企业,成为全球最大的工业再制造商之一,当年也成为卡特彼勒再制造里程碑式的一年;2006 年,该公司以 10 亿美元收购了北美最大的铁路设备再制造企业 Progress Rail 公司;2007 年,收购了雷米国际旗下公司 Franklin Power Products,Inc.和 International Fuel Systems,Inc.的部分资产,成为北美领先的柴油发动机再制造商;同年,又完成了对欧洲再制造公司 EurenovS. A. S.的收购,使卡特彼勒再制造进一步进入欧洲汽车发动机和变速箱再制造市场。在进行海外收购的同时,卡特彼勒也十分重视亚太再制造市场的开拓。2005 年,公司在上海独资建立了卡特彼勒再制造工业(上海)公司,主要开展工程机械发动机零部件的再制造;2009 年,与我国广西玉柴集团合资成立了玉柴再制造工业(苏州)有限公司,主要负责玉柴发动机整机及其零部件再制造;2011 年,公司位于新加坡的再制造工厂也正式投入运营,主要开展发动机、变速器、主减速器和变矩器等产品再制造业务,成为大型非公路用卡车和其他矿用设备主要零部件的再制造基地。近年来,卡特彼勒每年再制造零部件超过 200 万件,每年循环利用约 5.9 万吨的报废钢材,公司的再制造技术与产品受到越来越多海外市场的认可。目前,公司在全球范围内销售的零部件有 20%是再制造零部件,同时 40%左右的再制造零部件在美国之外的海外市场销售。再制造业务每年为卡特彼勒公司创造超过 15 亿美元的营业收入,成为该公司的核心竞争优势之一。

2. 欧洲再制造企业实践

自 20 世纪 80 年代以来,以德国、英国、法国及荷兰等国为典型代表的欧洲各国也积极推动再制造产业发展。与美国再制造产业发展“以市场为主导、企业自由参与”不尽相同,这些国家认为实现再制造发展不能单纯依靠企业或者政府,而需要建立政府—社会—企业的合作关系。因此,欧洲再制造企业发展是基于商业利益和可持续发展的双重驱动。目前,欧洲再制造企业主要集中于汽车零部件和电子电器产品再制造领域。欧盟及各国政府出台了一系列再制造发展相关法规,并针对两类产品制定了相应的再制造发展目标。譬如,2000 年欧盟委员会颁布规定,从 2002 年起欧盟各国的废旧汽车可再生利用率应达到 85%,到 2015 年达到 95%;而 2003 年欧盟出台了《报废电子电气设备指令》,主张实施延伸生产商责任制,要求电子产品制造商负责回收再制造其销售的产品。

1)汽车零部件再制造企业实践

在欧盟法规的强制要求及各国政府的大力支持下,欧洲汽车零部件回收再制造企业实践最为成熟。譬如,在德国政府主导和支持下,一批从事汽车回收的公司构建了全国性废旧汽车回收网,共同对废旧汽车的发动机、轮胎、起动机、发电机、蓄电池、保险杠等开展回收。仅就 2000 年的统计数据看来,欧洲汽车回收再制造规模已高达 200 亿美元。目前,欧洲汽车零部件再制造的主要特点是:第一,再制造基本上是在汽车制造企业和汽车零部件生产企业的控制下发展,欧洲主要汽车制造巨头都开展了汽车回收再制造业务[66]。第二,再制造产品大部分在原制造企业的售后服务网络中流通,很少流向社会维修市场。世界知名的德国大众、宝马、梅赛德斯及法国雪铁龙等汽车制造企业均十分重视再制造设计,并均建立了汽车拆卸再制造中心。其中,德国大众公司拥有具有国际先进水平的再制造工艺技术和机械化程度，每年再制造发动机 20 万～30 万台。截至目前，该公司再制造的汽车发动机已超过 800 万台，变速器超过 280 万台，公司销售的再制造发动机及其配件和新机的比例高达 9：1。在开展本国再制造业务的同时，该公司还积极拓展海外业务。2011 年，公司与中国一汽集团合资建立了动力总成再制造基地——大众一汽发动机(大连)有限公司动力总成再制造项目。该项目初期投资约 1 亿元人民币，主要开展 EA888 系列发动机再制造，项目计划年产能 15 000 台，产品将陆续覆盖大众汽车集团在中国的诸多车型。此外，宝马公司也建立了一个全国性的废旧汽车回收品经营连锁网络，其零部件回收再利用率高达 94%。而作为专门的汽车零部件生产企业，英国相对较大的专业化汽车发动机再制造公司，Lister Peter 发动机再制造公司每年为英国、美国军方再制造 3000 多台废旧发动机。此外，该公司与中国重汽集团合资成立了济南复强动力有限责任公司，主要从事康明斯、斯太尔、大柴、朝柴等重型汽车发动机的再制造，年设计生产能力为 5 万台。

　　2) 电子电器产品再利用企业实践

　　与汽车零部件与工程机械产品不同，上述两类产品主要采用回收再制造的处理方式，处理主要表现为产品外形、尺寸的物理变化。例如，对于废旧汽车发动机缸体，采用机械加工并镶嵌缸套或电刷镀技术恢复其尺寸及性能，最终形成再制造汽车发动机缸体。而电子电器产品主要采用回收再利用的处理方式，主要表现为粉碎回收塑料、橡胶等原材料，以及提炼金、银、铜、锡等贵金属，并对剩余有害物料进行合理处理。因此，废旧电子电器产品处理不当，十分容易造成严重的环境污染。

　　欧洲电子电器制造企业十分重视废旧电子电器产品的回收再利用工作，目前其回收再利用率高达 90% 以上。其中，国际知名的电子产品制造商荷兰飞利浦和芬兰诺基亚开展了手机和日用小家电的回收再利用工作，它们利用遍布全国的经销网络有效回收并处理其废旧产品；德国 ReMobile 公司则对移动电话实施回收再利用。开展废旧电子电器产品回收为上述企业带来了良好的经济效益。资料显示，回收处理 1 吨废旧电路板，可以提炼约 400 克黄金(黄金元素含量是 1 吨金矿石的 40～800 倍)、130 千克铜、20 千克锡，价值高达 2 万欧元，成为名副其实的城市"金矿"。

　　3. 日本再制造企业实践

　　作为世界上人均资源数量最少的国家，日本政府和企业始终十分关注再制造实践。2000 年，日本提出了构建"循环型社会"的构想[9]，而实施废旧产品再制造是实现该构想的三大关键手段之一。在政府政策法令和经济利益的双重驱动下，日本再制造企业主要开展了工程机械、办公设备及少量汽车零部件产品的再制造。

1）工程机械再制造企业实践

近年来，日本加强了工程机械再制造工作。据日本建设机械工业会调查，在所有废旧工程机械当中，大约 58%的整机经再制造后由国内用户使用，34%的整机输出到国外，而剩余 8%的整机则拆下零部件并由专业再制造企业修复后作为配件出售。在日本的工程机械再制造领域，最为典型的是小松和日立建机两家企业，它们通过设立再制造企业，或与其他专业再制造企业、再制造产品经销商建立联营网络等形式，在日本国内开展工程机械再制造产品的生产与经销工作。此外，日本小松于 2003 年在我国常州投资 1400 万元设立了独资的小松（常州）机械更新制造有限公司，主要从事小松工程机械液压件和传动件的回收再制造业务。2014 年，该公司与南京钢加工程机械集团合作成立了南京银马给料机机械修造有限公司，主要从事小松品牌进口和国产给料机产品的再制造业务。

2）办公设备再制造企业实践

在办公设备再制造领域，富士施乐公司是全球最大的打印机和数码复印机再制造企业之一。该公司于 1995 年制定了产品循环利用的发展战略，以"零填埋"作为企业发展的目标。为此，公司在日本国内、泰国及我国苏州建立了三家再制造企业，主要从事废旧打印机、数码复印机及硒鼓的回收再制造工作。其中，公司在日本国内建立了 50 个废弃旧复印机回收点，复印机的循环利用率达到 50%以上。而公司在泰国的再制造企业，主要负责新西兰、澳大利亚、新加坡、韩国、中国香港等亚太九个国家和地区废旧复印机和硒鼓的回收与再制造工作。

3）汽车零部件再制造企业实践

日本通产省于 1997 年发表了"汽车回收再利用倡议"，建议到 2015 年汽车回收再利用率提高到 95%。2002 年，日本国会审议通过了《汽车回收利用法》。考虑到法律的约束，丰田、本田、马自达等大型整车制造企业及少数汽车零部件制造企业开展了再制造设计和汽车零部件回收利用等相关工作。其中，日本 JRC 株式会社是日本最大的汽车零部件再制造企业。该企业 2008 年总产值已达 600 多亿日元（约合人民币 45 亿元），产品涵盖发动机、转向器、变速箱、转向泵、底盘、制动器等多个类别，其中仅转向器、转向泵的再制造年产量在 50 万台以上。

2.2　我国再制造产业发展情况

2.2.1　我国再制造产业发展四个阶段

关于我国再制造产业发展问题，徐滨士院士给出了再制造产业萌生、科学论证和政府推进等三个发展阶段[67]。依托徐院士的研究成果,并分析我国再制造产业发展实际历程,本书将再制造产业发展界定为再制造企业探索、再制造技术研发与科学论证、再制造产业确立与发展模式形成、再制造产业全力推进四个主要阶段。

1. 再制造企业探索阶段(1988~1998 年)

早在国内展开再制造研究论证和政府发布鼓励再制造政策之前,国内的再制造企业就开始了有益的探索,该阶段可被看作再制造产业发展的萌发期。自 20世纪 80 年代末开始,我国在汽车零部件再制造领域相继成立了一些再制造企业,它们成为中国再制造产业的先锋。譬如,1988 年成立的三立(厦门)汽车配件公司是国内最早的汽车发电机、起动机再制造企业。1994 年中国重汽集团与英国 ListerPeter 集团合资成立了济南复强动力有限公司,主要从事斯太尔、康明斯等柴油发动机的再制造。它是国内最早开展汽车发动机再制造的企业,也是目前国内最大的汽车零部件再制造企业之一。1995 年上海大众和德国大众合资成立了上海大众联合发展有限公司(即上海大众幸福瑞贝德动力总成有限责任公司的前身),成立之初主要从事桑塔纳系列发动机的再制造工作。然而,到 20 世纪 90 年代末,国内出现了较为严重的汽车非法拼装现象,严重影响了人民的生命安全并造成了巨大的经济损失。因此,国务院 307 号令规定废旧汽车五大总成一律回炉。这无疑是一柄双刃剑,在遏制非法拼装的同时,也切断了再制造企业的重要原材料来源,进而限制了我国再制造的发展。

2. 再制造技术研发与科学论证阶段(1999~2005 年)

1999 年,徐滨士院士在国内首次提出了"再制造"概念。为了能让我国政府充分认识发展再制造的重要性,同时让政府与消费者相信国内具有先进的再制造技术,国内的高校与科研机构同时展开了再制造发展科学论证与再制造技术研发工作,具体情况如下。

1)再制造发展科学论证方面

2000 年 12 月,由徐滨士院士牵头完成的中国工程院咨询报告《绿色再制造工程及其在我国应用的前景》呈报中国国务院,国务院办公厅批转国家计划委员会、国家经济贸易委员会、科技部、教育部、国防科学技术工业委员会等 10 个部委研究参阅,标志着再制造的概念已被国家政府机关认可与接受。2003 年 12 月,中国工程院咨询报告《废旧机电产品资源化》完成,研究结果表明,废旧机电产品资源化的基本途径是再利用、再制造和再循环。2004 年 9 月,美国再制造产业网站报道了一条题为《再制造全球竞争——中国正在迎头赶上》的新闻,介绍了再制造在中国的发展状况，并且预言中国将成为美国在再制造领域最强劲的全球竞争对手。2006 年 12 月，在中国工程院咨询报告《建设节约型社会战略研究》中，把机电产品回收利用与再制造列为建设节约型社会 17 项重点工程之一。通过上述多角度的深入论证，为政府决策提供了科学依据。

2) 再制造技术研究方面

1999 年 12 月，在广州召开的国家自然科学基金委员会机械学科前沿及优先领域研讨会上，"再制造工程技术及理论研究"被列为国家自然科学基金机械学科发展前沿与优先发展领域；2001 年 5 月，总装备部批准立项建设我国首家再制造领域的国家级重点实验室——装备再制造技术国防科技重点实验室。2002 年 9 月，国家自然科学基金委员会批准了关于再制造基础理论与关键技术研究的重点项目。2003 年 8 月起，时任国务院总理的温家宝组织了 2000 多位科学家对"国家中长期科学和技术发展规划"进行了论证研究，其中第三专题"制造业发展科学问题研究"将"机械装备的自修复与再制造"列为 19 项关键技术之一。此外，国内多家高校与科研机构也开展了再制造技术研究。其中，全军装备维修表面工程研究中心、西安交通大学等使用表面工程技术进行设备零部件的再制造研究和应用。装甲兵工程学院、空军第一研究所、空军工程大学和海军工程大学采用再制造技术对装甲车辆、军用飞机、舰艇的延寿做了大量试验和研究工作。西北工业大学则主要研究了再制造过程中的生产管理与质量控制问题。清华大学加大了对绿色工程技术领域研究的支持力度，上海交通大学与美国通用公司合作开展了轿车的回收再制造研究。

3. 再制造产业确立与发展模式形成阶段(2005～2008 年)

经过长达六年的再制造发展科学论证与先进再制造技术储备，如何高效实现再制造产业发展提上了议事日程。2005 年，国务院颁发的 21 号、22 号文件均明确指出国家"支持废旧机电产品再制造"，并"组织相关绿色再制造技术及其创新能力的研发"。同年 11 月，国家发展和改革委员会(以下简称国家发改委)等六部委联合颁布了《关于组织开展循环经济试点(第一批)工作的通知》(发改环资〔2005〕2199 号)，其中再制造被列为四个重点领域之一，并把济南复强动力有限公司被列为再制造重点领域中的试点单位，这标志着我国再制造产业的真正确立。2006 年，时任国务院副总理的曾培炎就发展我国汽车零件再制造产业做出批示："同意以汽车零部件为再制造产业试点，探索经验，研发技术。同时要考虑定时修订有关法律法规"，这给再制造的产业发展注入了政策活力。2008 年，国家发改委组织了"全国汽车零部件再制造产业试点实施方案评审会"，批准全国各省份40 余家申报单位中的 14 家作为汽车零部件再制造试点企业，允许一汽、东风、上汽、重汽、奇瑞等整车制造企业和潍柴、玉柴等发动机制造企业实施再制造项目。此时，我国采用再制造试点的再制造产业基本发展模式正式形成。在政府开展再制造试点精神的指引下，国内再制造企业和相关科研机构在再制造技术研发和应用方面开展了大量工作，并取得重大进展，已基本掌握了再制造基础理和关键技术。再制造产业发展在中国有了一个良好开端。

4. 再制造产业全力推进阶段(2009 年至今)

2009 年 1 月 1 日正式实施的《循环经济促进法》，是本阶段的标志性里程碑。该法在第 2 条、第 40 条、第 56 条中六次阐述再制造，为推进再制造产业发展提供了法律依据。自此开始，我国已进入到以国家法律及政府政策推动再制造产业发展为中心内容的新阶段。2009 年，时任中共中央政治局常委、国务院总理的温家宝在中国工程院上报的《我国再制造产业发展现状与对策建议的报告》上做出重要批示：“再制造产业非常重要。它不仅关系循环经济的发展，而且关系扩大内需(如家电、汽车以旧换新)和环境保护。再制造产业链条长，涉及政策、法规、标准、技术和组织，是一项比较复杂的系统工程。”该批示高屋建瓴地强调了再制造产业的重要性，从推动循环经济建设、扩大内需、保护环境三个方面阐述了发展再制造产业的重大意义。在总理重要批示精神的指导下，工业和信息化部(以下简称工信部)与国家发改委两个重要政府部门开展了再制造试点工作。前者重点关注机电产品再制造试点，而后者则重点关注汽车零部件再制造试点。

1) 工信部开展机电产品再制造试点

2009 年 6 月，工信部在《关于组织开展机电产品再制造试点工作的通知》文件中指出，机电产品再制造试点的工作目标是：通过试点，为制定再制造产品相关技术标准和市场准入条件、完善流通监管体系、加强逆向物流体系建设等提供参考，为大规模推进机电产品再制造产业发展积累经验。此后，工信部分别于 2009 年 11 月和 2016 年 2 月批准两个批次的机电产品再制造试点单位，有力推动了我国机电产品再制造的开展。其中，第一批主要包括工程机械、工业机电设备、机床、矿采机械、铁路机车装备、船舶、办公信息设备等在内的 7 大领域 33 家再制造试点单位和 2 个再制造产业集聚区(附表 1)；第二批则主要包括工程机械、专用设备、机床、电器机械、运输设备、内燃机、电子信息产品等 7 大领域 53 家再制造试点单位和 3 个再制造产业集聚区(附表 2)。与此同时，为了确保再制造产品质量，2011~2015 年，工信部连续公布了 5 批再制造产品目录。

2) 国家发改委开展汽车零部件再制造试点和“以旧换新”试点

2010 年 5 月，国家发改委、科技部、工信部等 11 个部门公布《关于推进再制造产业发展的意见》，提出了再制造产业发展的指导思想和基本原则，明确了汽车零部件、工程机械和机床将作为今后再制造产业发展的重点领域。我国将以汽车发动机、变速箱、发电机等零部件再制造为重点，把汽车零部件再制造试点范围扩大到传动轴、机油泵、水泵等部件，同时，推动工程机械、机床等再制造及大型废旧轮胎翻新。2012 年，国家发改委会同有关部门编制了《再制造产业发展规划》，明确"十二五"时期我国促进再制造产业健康发展的目标、重点任务和保障措施，重点解决再制造企业资质管理、再制造发动机产品登记备案、再制造标识管理等问题，完善回收和销售体系，加快培育一批再制造典型企业。在再制造产业发展意见和产业发展规划指导下，国家发改委分别于 2012 年和 2013 年批复两批汽车零部件再制造试点单位。其中，第一批涉及 4 家整车生产企业和 9 家零部件制造企业(附表 3)，第二批则涉及 28 家汽车零部件再制造企业(附表 4)。此后，为了进一步支持再制造产品的推广使用，促进再制造旧件回收，扩大再制造产品市场份额，2013 年 8 月，国家发改委出台了《再制造产品"以旧换再"试点实施方案》，确定试点范围和补贴方式。2015 年 2 月，国家发改委、财政部、工信部及质检总局发布公告，确定了广州市花都全球自动变速箱有限公司、潍柴动力(潍坊)再制造有限公司、济南复强动力有限公司等 10 家再制造产品"以旧换再"推广试点企业名单(附表 5)和再制造产品"以旧换再"推广产品。

上述法律条款及党和国家领导人的指示精神，为我国再制造产业的发展注入了强大动力，该产业发展呈现出前所未有的良好发展态势，特别是在汽车零部件、工程机械及机床再制造领域表现尤为突出。

2.2.2　我国再制造产业基本情况

1. 再制造产业发展总体情况

我国再制造产业发展的总体情况具有如下三个特点。

(1)再制造产业起步较晚，历经了从概念接受到再制造技术研发再到企业试点的发展过程。相对于美国、欧洲、日本等再制造产业发达国家与地区，我国再制造产业起步相对较晚，并经历了一个从概念接受到再制造技术研发再到企业试点的发展过程。国内的再制造研究起步于 20 世纪 90 年代，1999 年装甲兵工程学院徐滨士教授在"先进制造技术"国际会议上发表了《表面工程与再制造技术》的学术论文，在国内首次提出了"再制造"的概念。2000 年 12 月，由徐滨士院士牵头完成的中国工程院咨询报告《绿色再制造工程及其在我国应用的前景》呈报中国国务院，国务院办公厅批转 10 个部委研究参阅，标志着再制造的概念已被国家接受，同时也标志着再制造在中国正式起步。此后，2001 年装甲兵工程学院成立了我国第一个装备再制造技术国家重点实验室，在研发我国具有自主知识产权的再制造清洗、修复等表面工程处理技术方面取得了突破。然而，我国的再制造产业真正发展始于 2005 年。当年 11 月，国家发改委等六部委联合颁布了《关于组织开展循环经济试点(第一批)工作的通知》，将再制造被列为四个重点领域之一，并把发动机再制造企业济南复强动力有限公司列为再制造重点领域中的试点单位。2006 年 3 月，时任国务院副总理的曾培炎就发展我国汽车零件再制造产业做出批示："同意以汽车零部件为再制造产业试点，探索经验，研发技术。同时要考虑定时修订有关法律法规"，这标志着我国再制造作为产业的开始。

(2) 再制造产业发展势头良好，再制造产品领域较全，少数再制造试点企业的规模和部分再制造关键技术的水平居亚洲乃至世界前列。尽管我国再制造产业起步晚，但发展势头良好。我国将重点培育 10 家左右 10 亿元以上大型再制造企业、500 家具有一定特色的中小型再制造企业、3～5 家再制造产业基地[68]。为了实现上述发展目标，国家发改委和工信部开展了机电产品再制造企业试点工作，严格控制再制造试点企业数量与再制造产品种类，旨在利用其示范效应实现以点带面的发展效果。截至 2015 年，全国共有 86 家再制造企业、5 个再制造产业集聚区、3 个国家级再制造产业示范基地[张家港、长沙(浏阳、宁乡)和上海临港]被列入试点名单，主要集中在江苏、上海、山东、广东、广西、湖南、湖北、重庆等中东部省份，其再制造产品主要涉及汽车零部件、工程机械、机床、办公信息设备、电子电器、铁路机车装备、矿采机械及船舶等八大领域，其中各领域主要再制造企业如表 2.1 所示。目前，我国再制造产业发展势头良好，在废旧产品回收、拆解检测、再制造加工及流通体系建设等方面均取得了初步成效。2015 年，我国再制造产业年产值约 500 亿元，少数再制造试点企业的生产能力和企业规模已居亚洲乃至世界前列。譬如，我国拥有亚洲最大的汽车发电机、起动机再制造企业——三立(厦门)汽车配件有限公司，再制造产品年产量超过 50 万台；建有全球最大数码复印机再制造企业——南京田中机电再制造有限公司，公司的Ecostar (环星牌)再制造高速数码复印机年销售量已突破 4 万台。此外，国内部分再制造关键技术研发获得重要突破，自主开发的自动化纳米复合电刷镀工艺技术已达到国际先进水平。

表 2.1　我国各再制造产品领域主要再制造企业情况

类型	企业名称	成立时间	再制造产品	再制造投资额	投资单位
汽车零部件	三立(厦门)汽车配件有限公司	1988 年	汽车发电机和起动机	—	中日合资企业
	济南复强动力有限公司	1994 年	斯太尔等品牌汽车发动机	1.5 亿元	英国李斯特集团和中国重汽集团
	上海幸福瑞贝德动力总成有限公司	1995 年	大众品牌发动机	1 亿元	上汽集团上海大众汽车有限公司

续表

类型	企业名称	成立时间	再制造产品	再制造投资额	投资单位
汽车零部件	无锡大豪动力有限公司	1997 年	锡柴发动机	5000 万元	中国一汽集团
	柏科(常熟)电机有限公司	2002 年	发电机、起动机	256 万美元	柏科(香港)有限公司
	潍柴动力再制造公司	2008 年	潍柴发动机	3 亿元	潍柴动力股份有限公司
	东风康明斯再制造中心	2009 年	康明斯发动机	5528 万元	美国康明斯公司和东风集团
	玉柴再制造工业(苏州)有限公司	2009 年	玉柴和卡特彼勒柴油发动机	5000 万美元	美国卡特彼勒公司和广西玉柴集团
工程机械	小松(常州)机械更新制造有限公司	2003 年	小松挖掘机	1400 万元	小松(中国)投资有限公司
	卡特彼勒再制造工业(上海)公司	2005 年	液压油泵与马达	1980 万美元	美国卡特彼勒公司
	武汉千里马工程机械再制造有限公司	2006 年	斗山挖掘机	1.5 亿元	武汉千里马工程机械有限公司
	利星行(扬州)机械公司	2006 年	卡特彼勒品牌	1 亿港币	香港利星行集团
	湖南三一工程机械再制造公司	2009 年	混凝土机械、起重机、挖掘机	13 亿元	三一重工集团
	徐州重型机械有限公司	2010 年	起重机、挖掘机	6.2 亿元	徐工集团
机床	武汉华中自控技术发展有限公司	1995 年	重型、超重型机床	2.5 亿元	民营企业
	重庆机床(集团)有限责任公司再制造项目	2006 年	齿轮加工机床	—	重庆机床(集团)有限责任公司
	武重装备再制造工程有限公司	2012 年	重型、超重型机床和精密机床	1000 万元	武汉重型机床集团有限公司
办公信息设备	南京田中机电再制造有限公司	1992 年	打印复印机	—	田中机电(南京)有限公司
	珠海天威飞马打印耗材有限公司	1996 年	墨盒硒鼓	4000 万港币	香港天威控股有限公司
	富美科技集团有限公司(原山东富美科技有限公司)	2004 年	硒鼓	7.7 亿元	民营企业
	富士施乐爱科制造(苏州)有限公司	2008 年	复印、打印机	6.5 亿日元	日本富士施乐株式会社

续表

类型	企业名称	成立时间	再制造产品	再制造投资额	投资单位
电子电器	南京金泽金属材料公司	2005 年	计算机和家电	1000 万美元	**美国富勤集团**
	新加坡伟城环保工业(无锡)有限公司	2005 年	手机及家电	3000 万美元	**新加坡伟城工业公司**
	苏州同和资源利用公司	2009 年	家电产品	1000 万美元	**日本同和株式会社**与江苏高新
铁路机车装备	哈尔滨轨道交通装备有限责任公司	1898 年	铁路货车	—	中国北方机车车辆工业集团
	山西汾西重工有限责任公司	1958 年	火车车轮	2.8 亿元	中国船舶重工集团公司
	大连机车车辆有限公司	1899 年	机车	—	中国北车股份有限公司
矿采机械	山东泰山建能机械集团有限公司(现山东能源机械集团)	1957 年	煤矿废旧矿山机械零部件	—	山东能源集团有限公司
	宁夏天地奔牛实业集团有限公司	20 世纪 60年代	煤机及其关键零部件	1.98 亿元	中国煤炭科工集团
船舶	大连船用阀门有限责任公司	1932 年	蝶阀、截止阀等船用阀门	—	中国船舶重工集团公司

注：投资单位一列中字体加粗的企业为外资企业

(3) 再制造产业整体规模与水平明显落后于欧美再制造产业发达国家和地区。与欧美再制造产业发达国家和地区相比，我国无论是在再制造企业数量与生产规模上，还是在产业整体规模与技术水平方面，都存在着显著差距。譬如，2015 年我国再制造产业年产值约折合 79 亿美元，而 2015 年美国汽车回收再制造商 LKQ 一家企业的再制造年产值就高达 140 亿美元，同期美国再制造产业年产值则超过了 1000 亿美元。由此可见，我国再制造产业发展任重道远。

2. 再制造产业发展细分情况

目前，我国再制造产业发展仍处于起步阶段。相对电子电器、矿采设备、船舶及铁路机车装备而言，国内在汽车零部件、工程机械、机床及办公信息设备等四类产品再制造方面发展相对较好，具体情况介绍如下。

1) 汽车零部件再制造领域

A. 汽车零部件再制造整体情况

我国汽车零部件再制造起步于 20 世纪 80 年代末到 90 年代中期，以三立(厦门)汽车配件有限公司、济南复强动力有限公司和上海幸福瑞贝德动力总成有限公司等为典型代表，至今只有近 30 年的发展历史。近年来，我国政府十分重视汽车零部件的发展，直接或者间接出台了一些政策加以支持，如《报废汽车回收管理办法》《汽车产品回收利用技术政策》《汽车零部件再制造试点管理办法》等，并在《关于加快发展循环经济的若干意见》《循环经济法》《关于推进再制造产业发展的意见》等相关政策法规中明确指出重点支持其发展。

目前，我国已拥有汽车零部件再制造试点企业 40 余家，主要分布于上海、江苏、山东、广西、广西、重庆等 10 余个省份。而再制造企业的类型主要分为生产厂商服务型企业(包括汽车整车制造和零部件制造企业)、大修企业升级型企业及废旧车辆回收企业等三类。其中，生产厂商服务型企业包括上海幸福瑞贝德动力总成有限公司(隶属于上海汽车工业集团)、无锡大豪动力有限公司(隶属于中国第一汽车集团)等汽车整车制造企业，以及济南复强动力有限公司、玉柴再制造工业(苏州)有限公司、柏科(常熟)电机有限公司等汽车零部件制造企业；大修企业升级型企业包括广州市花都全球自动变速箱有限公司、解放军 6456 工厂、浙江万里扬变速器有限公司等；废旧车辆回收企业则包括青岛联合报废汽车回收有限公司、大连报废车辆回收拆解有限公司、滁州市洪武报废汽车回收拆解利用有限公司等。目前，我国汽车零部件再制造产品主要集中在发动机、变速箱、起动机、发电机、轮胎、转向系统等方面，其中前四项所占比重较大。相对于其他再制造产品，国内汽车零部件再制造业发展较为迅速。汽车零部件的市场规模从 2005 年产值不足 0.5 亿元，到 2010 年的 25 亿元，再到 2014 年产值达到 80 亿元；生产规模也从 2010 年再制造发动机约 11 万台、变速器约 6 万台，以及发电机、起动机约 100 万台，发展到 2015 年再制造发动机 80 万台，变速箱、起动机、发电机等合计 800 万台。根据我国再制造领域权威专家的预测，未来我国汽车零部件再制造年产值将达到 400 亿元，其将成为我国经济发展的一个新增长点。

B. 典型汽车零部件再制造企业情况

三立(厦门)汽车配件有限公司：该公司(简称三立汽配)创立于 1988 年，由厦门三圈电池有限公司、厦门思明区国有资产投资有限公司、中国机械进出口集团有限公司共同合资创立，是一家专业的第三方汽车发电机、起动机再制造企业。2011 年公司通过了工信部再制造产品认证，2013 年成为国家发改委再制造试点单位。公司从事汽车发电机、起动机再制造已有近 30 年的历史，再制造技术水平一直与欧美保持同步，现已再制造汽车发电机、起动机 12V 和 24V 系列高达 3000 多款，主要系列有博世、法雷奥、卢卡斯、三菱、电装、福特、雷米、万都等(图 2.1)，电机使用车系有本田、丰田、日产、奔驰、宝马、奥迪、大众、福特、标志、现代、起亚等，产品主要销往中国、北美、南美、欧洲、澳大利亚、韩国、日本等国家和地区汽配业的售后市场。目前，公司形成了年生产再制造电机 100 万台的能力，近几年每年销售再制造发电机、起动机超过 50 万台以上。自创立至今，公司已销售再制造发动机和起动机 1600 多万台，是目前亚洲同

类行业中规模最大、产量最高、质量最稳定、出口额最大的发电机、起动机再制
造企业。

(a)博世品牌发电机　　　　　　　　　　(b)福特品牌起动机

图 2.1　三立汽配再制造的博世品牌发电机和福特品牌起动机

资料来源：三立汽配公司网站

济南复强动力有限公司：该公司(简称复强动力)于 1994 年成立，由英国李
斯特集团和中国重汽集团合资建立，是国内第一家从事汽车发动机再制造的企
业，也是目前亚洲唯一一家 PERA 的会员。2005 年和 2012 年先后被国家发改委、
科技部等部委确定为国家循环经济首批示范单位和首批汽车零部件再制造试点
单位。

复强动力在国家发改委、山东省经济和信息化委员会等政府部门的大力支持
下，积极与装备再制造技术国防科技重点实验室、山东大学可持续制造研究中心、
中国机械工程学会等科研机构开展战略合作。经过十余年的发展，公司建立了具
有欧美先进水平的汽车发动机和零部件再制造生产线，以及严格按照欧美模式和
标准建立起技术、生产、供应和营销体系。目前，公司再制造产品主要包括康明
斯、斯太尔、大柴 6110、朝柴 6102、桑塔纳、奥迪、捷达、三菱、切诺基等十几
个系列二十多个品种，涉及车用发动机、工程机械用发动机、船用发动机、空压
机、喷油器、机油泵等多系列、高值化的再制造产品系列，形成了年产再制造发
动机 20 000 台的生产能力。此外，随着章丘新生产基地的建成与投产，预计未来
该公司年发动机再制造能力将达到 50 000 台，废旧发动机的资源利用率达到 90%。
公司已发展成国内一流、国际先进、资源利用率居行业前列的专业化发动机再制
造企业，为我国发动机再制造产业树立样板。

上海幸福瑞贝德动力总成有限公司：该公司(简称幸福瑞贝德)成立于 1995
年，地处上海市嘉定区安亭国际汽车城。公司前身上海大众瑞贝德动力总成有限
公司为上海大众汽车有限公司下属全资企业。2008 年，幸福瑞贝德被国家发改委
列为 14 家全国汽车零部件再制造试点企业之一。2009 年，幸福瑞贝德牵头和参
与了汽车零部件再制造 10 项国家标准的制定。2010 年，凭借国内再制造行业内
的标杆地位，公司被确定为中国质量认证中心全国六家再制造质量认证示范基地

之一。同年，上汽集团为整合集团内再制造资源，收购幸福瑞贝德 100% 股权，将循环经济再制造业务列入集团重点工作之一，力争将幸福瑞贝德打造为集团再制造基地。2012 年，幸福瑞贝德公司的十大再制造发动机和变速器产品列入国家再制造产品目录，成为全国进入目录的八家试点企业之一。公司是国内唯一一家乘用车发动机再制造试点企业，同时也是唯一一家同时开展发动机和变速箱再制造的企业。

目前，幸福瑞贝德拥有固定资产 1300 万元，主要从事帕萨特、桑塔纳两个系列汽车发动机与变速箱的再制造工作。公司再制造产品作为上海大众纯正配件，纳入上海大众销售和维修网络，并销售到上海、北京、重庆、广东、山东、浙江、江苏、湖南、四川、陕西、辽宁、河南、河北、新疆等地区。该公司年再制造发动机约 2000 台，年产值近 5000 万元。截至目前，公司已经累计生产各型再制造发动机约 20 000 台，累计销售额达 1 亿元左右。公司积极响应国家发展循环经济的号召，秉承可持续发展的理念并围绕"绿色再制造"的循环经济主题，着力拓展汽车再制造零部件研发、生产与市场销售，不断满足用户和市场需求。

无锡大豪动力有限公司：该公司（简称大豪动力）成立于 1997 年，位于江苏无锡新区，是一汽解放汽车有限公司的全资子公司。2010 年经一汽集团授权，公司专业从事一汽锡柴奥威系列柴油机再制造业务。公司一汽锡柴发动机再制造项目新增建设投资 5000 余万元，从业人员 70 余人，规划年生产能力 5000 台。2011 年 5 月该项目正式投产，并于 11 月通过国家发改委组织的再制造试点工作验收。公司再制造产品的主要范围为一汽解放锡柴 F、L、M 系列柴油机整机及气缸体、气缸盖、曲轴、电控喷油器、起动机在内的主要零部件，如图 2.2 所示。目前，公司已经具备了单班年产 2500 台再制造柴油机的能力。公司产品受到锡柴机用户的欢迎，产销量以每年翻番的速度递增。

图 2.2　大豪动力再制造的 6DF 系列柴油发动机

广州市花都全球自动变速箱有限公司：该公司（简称花都全球自动变速箱）成立于 1998 年，位于广州市花都区，是国内首家汽车自动变速箱专业再制造企业和美国变速箱再制造行业协会会员，也是国家唯一的自动变速箱再制造示范企业。

目前，花都全球自动变速箱公司已建立了一个拥有 7 家授权再制造专业厂(广州、北京、武汉、上海、重庆、马来西亚、中国香港)和 33 家代理商的全球性自动变速箱再制造网络，具备再制造自动变速箱 1 万台/年的生产能力，其产品如图 2.3 所示。公司与国内外 30 多家汽车生产商开展业务合作，将其生产的再制造自动变速箱供应这些汽车生产商，并通过他们的 4S 店网络向售后市场销售。与此同时，公司利用汽车生产商的售后服务渠道回收自动变速箱旧件(约占公司旧件总回收量的 60%)，从而形成了一套行之有效的自动变速箱旧件回收和再制造件销售的网络体系。凭借着超强的实力，全球 WWT 已经成为中国自动变速箱维修的第一品牌，也成为国内外众多汽车生产厂进入中国市场时在自动变速箱售后维修方面首先考虑的合作对象。

图 2.3　花都全球自动变速箱再制造的自动变速箱

柏科(常熟)电机有限公司：该公司是柏科(香港)有限公司投资的港资企业。柏科(香港)有限公司早在 1988 年开始从事再制造汽车发电机及起动机工作，累计销售数量达到 480 万台左右。作为全国最早开展汽车发电机、起动机再制造的专业企业，2012 年公司成为国家首批 14 家汽车零部件再制造试点企业之一。近三年来，公司认真开展汽车零部件再制造试点工作，进一步完善质量管理、技术开发，生产管理体系已经通过 IS09001 及 TS16949 的质量管理体系论证，成为同行中技术先进、旧件利用率最高的企业之一。公司主要的再制造电机品种包括为国外市场生产的美国福特(FORD)系列、通用(DELCO)系列、日本三菱系列与电装(ND)系列产品，以及为国内市场生产的潍柴系列、重汽系列、大众系列和现代系列产品，投放到市场的发电机、起动机品种应用到 22 种轿车和 11 种重型车辆，90%的产品主要出口到美国、加拿大、东南亚等国家或地区。目前，公司年再制造汽车发电机、起动机规模达到 30 万台，国内市场占有率达 30%，年销售额超过 3000 多万元。2016 年，公司投资 2.1 亿元新建成常熟柏科汽车零件再制造有限公司，2017 年再制造汽车电机将增加到 100 万台，公司年销售额将达到 2 亿元。

玉柴再制造工业(苏州)有限公司：该公司成立于 2009 年，是由广西玉柴机器股份有限公司和卡特彼勒(中国)投资有限公司合资组建的一家大型中外合资企业。公司投资总额 5000 万美元,卡特彼勒拥有 49%股份,这是卡特彼勒在中国投入运营的第二家再制造工厂,具有独特的行业代表性。

玉柴再制造工业(苏州)有限公司依托双方母公司的优势,主要为玉柴柴油机和零部件及部分卡特彼勒柴油机和零部件提供再制造服务,其再制造产品主要包含机体类、缸盖类、曲轴连杆类、发电机与起动机类、水泵与机油泵类及转向泵类等柴油机零部件。目前,公司再制造产品产值为 3000 万元/年。卡特彼勒和玉柴合作后,玉柴可以得到卡特彼勒在全球领先的再制造技术和管理方法,卡特彼勒可以借助玉柴在中国市场完善的产品和渠道,更快地进军中国市场。这两个公司的强强联合、优势互补,拥有成熟的逆向物流系统、完善的质量和售后服务体系,具有技术和人才优势,对我国再制造产业发展研究具有非常重大的战略意义。

2)工程机械再制造领域

A. 工程机械再制造基本情况

我国工程机械行业在过去的 10 年中取得了骄人的战绩,已经成为全球最大的工程机械制造国家之一。同时,也是世界上最大的工程机械销售市场。据不完全统计,截至 2014 年年底,我国工程机械主要产品保有量为 650 万~704 万台。目前,我国工程机械设备大多处于超负荷工作状态,全国 80%的在役工程机械超过保质期。预计到 2020 年,国内每年工程机械报废量将高达 120 万台。有专家预测,中国工程机械再制造市场每年的规模可达 100 亿美元,再制造拥有广阔的市场前景。

我国政府出台了各种相关政策促进工程机械再制造发展。2009 年,我国工信部选定了卡特彼勒、徐工集团、中联重科、三一重工等七家工程机械企业作为首批机电产品再制造试点单位。同年,国家颁布的《循环经济促进法》中确定国家支持企业开展工程机械的再制造。2010 年 5 月,国家发改委等 11 个部门联合发布《关于推进再制造产业发展的意见》,工程机械是发展的重点领域。在巨大的市场利益驱动下和我国政府的大力支持下,国内外工程机械巨头纷纷布局中国再制造市场。2005 年,世界工程机械巨头卡特彼勒率先在上海建立了占地 2.5 万平方米全球第三家再制造中心,接着 2009 年上半年又在顺德、成都建立面向消费终端的再制造回收点;2010 年,全球知名的发动机生产商康明斯团队空降中国,明确表示未来几年内将把工程机械再制造作为发展重点。与此同时,国内企业开始通过合资或者独资等不同方式分享这块蛋糕。其中,中联重科融资租赁公司再制造中心起步较早,并已形成初步业务模式和一定产品规模等诸多优势;柳州工程机械股份有限公司于 2009 年 5 月启动西南再制造中心项目,从柴油机再制造开始,继而向工程机械液压系统泵、阀、油缸、液压马达等零部件的再制造过渡,最终将推进装载机、推土机、挖掘机等各类工程机械整车的再制造。2011 年 4 月,该公司又投入 7000 万元建设零部件再制造基地和整机再制造中心。目前，尽管国内外企业积极参与我国工程机械再制造，推动了其快速发展，但我国工程机械再制造主要集中在国内各主机生产企业和相关代理商企业，从事的再制造产品多为自己生产的关键零部件或代理回收的整机和关键零部件，再制造率较低，再制造产业规模较小，尚未形成一定的规模和体系。因此，客观上讲，国内工程机械再制造整体上正处于初期阶段，仍需进一步拓展与加强。

B. 典型工程机械再制造企业情况

我国工程机械再制造企业的发展模式主要分为以下两种类型：一是工程机械整机制造商服务型，如卡特彼勒、三一重工、徐工集团等工程机械整机制造商通过建立再制造公司提供再制造服务；二是销售企业延伸型，如从事工程机械销售的公司武汉千里马工程机械有限公司投资设立千里马工程机械再制造有限公司。

小松(常州)机械更新制造有限公司：该公司成立于 2003 年 11 月，其前身为南京小松机械更新制造有限公司，是由小松(中国)投资有限公司独资设立、以发展循环事业为目的的绿色环保企业。公司项目总投资为 1400 万元，坐落于江苏省常州市高新技术产业开发区空港产业园，占地面积达 84 000 万平方米，拥有面积为 4200 平方米的现代化厂房，主要从事小松系列工程机械、总成件翻新与再制造，其产品如图 2.4 所示。目前，公司年翻新二手小松液压挖掘机 570 台、液压推土机 15 台、液压装载机 15 台，再制造小松品牌总成件 450 件，其中发动机 200 台、液压泵 100 台、喷射泵 100 台及其他设备 50 台。

图 2.4　小松再制造的小松挖掘机

武汉千里马工程机械再制造有限公司：武汉千里马工程机械再制造有限公司(简称武汉千里马)创建于 2006 年，坐落于武汉市东西湖循环经济工业园，是国内首家从事工程机械整机和零部件再制造的高新技术民营企业。该公司的项目总投资为 1.5 亿元，主要针对斗山 30 吨级以下的废旧液压挖掘机整机及其相应的零部件进行再制造，再制造产品见图 2.5。2009 年，公司被工信部批准为首批机电产品再制造试点企业，2010 年，被国家发改委批准为循环经济和资源节约重大示范项目，是湖北省唯一获得两部委重点扶持的再制造循环经济试点单位。2010 年 5

月，公司首台挖掘机成功下线并交付用户；2012 年 7 月，4 台 DH220LC-7Rm 千里马武汉再制造挖掘机出口哈萨克斯坦，开启了中国再制造世界大门。目前，公司已具备再制造挖掘机整机 600 台/年和零部件 1200 台套/年的生产能力，成为华中地区最大的工程机械再制造研究院及再制造培训基地之一。

图 2.5　武汉千里马再制造的斗山挖掘机

　　武汉千里马十分重视再制造技术平台和再制造管理体系建设。公司与华中科技大学、装甲兵工程学院、武汉理工大学等高等院校合作，成立了两个省级工程机械再制造工程技术研究中心，共同构建了工程机械再制造技术平台，掌握了多项再制造关键技术方案，从而保证多品种、小批量的生产模式可以达到可接受的成本水平。此外，公司与韩国斗山集团合作，建设废旧产品回收、再制造生产、产品质量保证、产品信息管理、市场营销及再制造技术管理等六大管理体系，最终形成全面融合集回收、保养、维修、服务、再制造于一体的循环绿色后市场体系。

　　卡特彼勒再制造工业(上海)有限责任公司：该公司 2005 年成立于上海浦东临港产业制造园，是世界最大工程机械制造与再制造公司——卡特彼勒公司在中国设立的独资企业，也是第一家在中国获得再制造许可证的外资公司。在成立之初，公司在引入先进再制造技术和理念的同时，亦将母公司成熟完善的再制造产品开发、制造、供应链管理、回收与销售体系一并导入，这为卡特彼勒再制造业务在中国的发展提供了坚实的技术指导和实践基础。譬如，2005 年以来，公司在旧件回收和再制造件销售过程中采用"交换"的商业模式，即用户消费一个再制造产品时，通过"旧件押金"返还机制鼓励消费者退回"旧件"，有效缓解了我国再制造常见的废旧产品难以回收的问题。2009 年，公司被国家工信部批准成为首批再制造试点企业。近年来，公司着力开拓工程机械后市场，并将再制造业务重点投向三大系列产品：液压产品(液压泵、液压马达)、发动机零部件(油泵、水泵、缸盖、油缸总成)和燃油系统产品(喷油器)，详见图 2.6。2010～2014 年，公司回收原料 4986 吨，生产再制造产品近 20 万件。与制造新品零部件相比，节约燃煤约 8875 吨，减少二氧化碳排放 2.3 万吨，减少粉尘排放 6060 吨。因此，公司被评选为上海市 2015 年度循环经济与资源综合利用示范企业。2016 年，公司与上海临港经济发展(集团)有限公司签署了绿色合作意向书，涵盖了再制造产业节能减排研究及智能再制造升级示范。这一合作计划是中美绿色合作伙伴计划的六个项目之一，表明卡特彼勒再制造在中国可持续发展方面的典范获得了社会认可，彰显了卡特彼勒致力于在全球践行可持续发展的承诺。经过 10 年的建设与发展，公司再制造产品的年销售总额已超过 4000 万美元，成为卡特彼勒在全球最出色的再制造工厂之一。

(a)液压泵　　　　　　　　　　　　　(b)发动机气缸组件

图 2.6　卡特彼勒再制造的液压泵和发动机气缸组件

湖南三一工程机械再制造公司：三一集团有限公司始创于 1989 年，是一家以工程机械为主题的机械装备制造集团，其主导产品为混凝土机械、筑路机械、挖掘机械、桩工机械、起重机械等全系列产品。目前，三一集团是全球最大的混凝土机械制造商，也是中国最大、全球第五的工程机械制造商。2009 年，三一重工集团入选国家工信部公布的首批 35 家再制造试点企业行列。同年，该集团成立了湖南三一工程机械再制造公司，专门从事工程机械整机和零部件的再制造工作。

近五年来，三一重工连续发力再制造项目，如今在其再制造版图上形成了多点开花的局面。其中，2011 年和 2012 年的再制造项目投资最为集中。仅在 2011 年，公司就在浙江衢州、安徽六安、四川泸县、天津汉沽、陕西西安、湖北襄阳、河北迁安、新疆乌鲁木齐、江西赣县等至少 11 个地市建设再制造项目，总投资超过 13 亿元。譬如，2011 年 8 月，三一重工再制造基地落户西安，投资为 1.5 亿元，而襄阳工程机械再制造中心也签订了投资合同，项目投资为 5 亿元；2011 年 9 月，河北迁安挖掘机再制造中心和乌鲁木齐挖掘机再制造基地先后奠基，项目投资分别为 2 亿元和 3 亿元，建成后的乌鲁木齐再制造基地项目成为西北地区最大的挖掘机再制造基地。2012 年，三一重工分别在四川乐山、安徽池州和湖北宜宾建设再制造基地。其中，2012 年 3 月，三一重工在四川的再制造产业项目在乐山动工。该基地拟分两期建设，总投资 3 亿元，两期项目全部实施完成后，可达到年再制造工程机械 500 台、年销售 600 台以上，年销售收入 8 亿元；2012 年 6 月，三一重工投资 1 亿元建设安徽池州三一重工机械再制造项目。该项目主要建设三一混凝土机械、挖掘机、起重机系列产品整机和零部件的再制造中心。整个项目建成投产后，年再制造及销售各类工程机械 400 台以上，年销售收入 3 亿元以上；2012 年 12 月，三一重工投资 1 亿元在湖北宜宾建立机械再制造基地。该项目总占地 55 亩①，投产后年销售收入将达 3.5 亿元。此外，2016 年，三一重工工程机械再制造项目正式签约落户湖南浏阳制造产业基地。项目总投资 2 亿元，总供地面积约为 60 亩，分两期建设。根据计划，项目将于 2017 年年初建成投入运营，投产后年销售额将达 5 亿元。

徐州重型机械有限公司：该公司隶属于徐工集团。该集团十分重视注重技术创新，近年来诞生了一批代表中国乃至全球先进水平的产品——2000 吨级全地面起重机、4000 吨级履带式起重机、12 吨级大型装载机、百米级亚洲最高的高空消防车等，在全球工程机械行业产生了颠覆式影响。目前，集团位居世界工程机械行业第七位，是中国工程机械行业规模最大、产品品种与系列最齐全、最具竞争力和影响力的大型企业集团。

徐工集团 2009 年入围工信部首批机电产品再制造试点企业名单。2010 年 11 月，作为徐工集团子公司的徐州重型机械有限公司，投入 6.2 亿元实施起重机再制造项目，其中固定资产投资 4.7 亿元，项目建设期为 24 个月。项目完成后，预计新增销售收入 8.3 亿元、净利润 1.4 亿元。2011 年 12 月，该公司与山东多成工程机械制造有限公司联合筹建徐工挖掘机山东再制造中心。该中心不仅要配备挖掘机再制造行业较为先进的设备，更要配置行业最优秀的人力资源，以确保再制造中心在发动机、液压件、电控等方面的维修和再制造能力。再制造中心投产后，每年可以实现 500 台以上的挖掘机翻新与再制造能力，可以全面开展山东区域市场徐工挖掘机的维修、零配件再生(动臂再生、斗杆再生)等方面的业务。

3) 机床再制造领域

A. 机床再制造基本情况

机床是"工业之母"，决定着我国装备制造业水平和工业水平。目前，我国的机床保有量超过 800 万台，已成为世界上机床保有量最大的国家。据粗略统计，目前我国役龄 10 年以上的机床占 60%以上，这些机床在未来 5～10 年都可能面临大修提升、功能性报废或技术性淘汰。若按 3%的年机床报废淘汰率进行估算，每年将有近 24 万台机床面临淘汰或报废，占每年生产新机床产量(40 万～50 万台)的一半左右，从而形成相当规模的可循环利用的再制造潜在资源。我国政府十分

---

① 1 亩≈666.7 平方米。

重视机床再制造工作，《循环经济促进法》中明确指出重点支持开展机床等产品的再制造。2009 年，工信部发布的《关于开展机电产品再制造试点工作的通知》把机床再制造列入试点范围。

目前，我国从事机床再制造的主要力量有三类：一是专业机床再制造企业，如被工信部列入机床再制造试点企业的武汉华中自控技术发展有限公司；二是机床制造企业，如重庆机床集团和武汉重型机床集团等；三是数控系统制造企业，如西门子自动化工厂、广州数控设备有限公司等。这三类企业构成了当前国内机床再制造的主体。为了全面深入开展机床再制造，2009 年由中国机电装备维修与改造技术协会、重庆机床(集团)有限责任公司、重庆大学等 31 家企业、大学、研究院所及行业协会共同发起的机床再制造产业技术创新战略联盟在北京成立。该联盟旨在建成一个产、学、研紧密结合的机床再制造技术创新体系，形成较强的机床再制造技术研发和成果转化能力，实现机床再制造及绿色制造模式在机床制造及应用行业中的推广和应用。目前，机床再制造产业技术创新战略联盟已编写 5 项机床再制造标准(其中包括国家标准《绿色制造金属切削机床再制造技术导则》)，"十二五"期间联盟组织再制造企业先后承担了"机床再制造关键技术研究与应用""绿色制造关键技术与装备""中小型机床再制造生产技术开发及产业化应用示范"等一系列课题，对促进机床再制造产业化发展，起到了较好的示范效应。

B. 典型机床再制造企业情况

武汉华中自控技术发展有限公司：该公司(以下简称华中自控)成立于 1995 年，是一家主要致力于重型或超重型机床、专机及机床附件研发制造、机床再制造及营销为一体的高科技民营企业。该公司业务遍及水电、电机制造(火电、核电)、造船、机床、机械等行业，在国内自控领域已树立了"重质量、讲信誉"的美名。公司是中国机电设备维修与改造协会的理事单位，是中国数控装备维修与改造协会 AAA 级资质的首批获得单位之一。2009 年被认定为国家"高新技术企业"。同年，该公司被列入国家工信部第一批机电产品再制造试点单位之一(机床再制造试点单位中唯一的民营企业)，亦是国家科技部指定"十二五"国家科技支撑计划"机床再制造成套技术及产业化"课题承担单位。

华中自控是国内最早从事机床数控化再制造的企业之一，再制造业务已基本覆盖进口或国产重型、超重型机床、加工中心和专用设备(图 2.7)，特别是在重型机床再制造方面具备突出的优势。为进一步加快机床再制造业务的发展，2009 年华中自控投资 2.5 亿元开辟了 80 余亩的机床再制造生产基地，项目建成后形成年产值约为 1.8 亿元的生产规模。华中自控根据用户的实际情况和需求，采用目前世界上最先进的 SIEMENS、FANUC 等公司数控系统，先后为哈尔滨电机厂、上海第三机床厂、上海汽轮发电机有限公司、东芝水电设备(杭州)有限公司等大型企业量身定制重型机床再制造方案。2012 年，该公司年产值达到 6000 万元，其中机床再制造产值 3000 万元。截至目前，公司已累计完成百余台重型机床的再制造，再制造产品销售额占总销售额的 60%以上。公司在国内机床再制造领域树立了"华中自控"的良好品牌，成为目前中部地区乃至全国范围内具有较大规模的重型机床再制造企业之一。

(a) 数控龙门镗铣床　　　　　　(b) 德国 KOLB 17 轴五面体龙门加工中心

图 2.7　华中自控再制造的数控龙门镗铣床和德国 KOLB 17 轴五面体龙门加工中心

重庆机床(集团)有限责任公司：该公司(简称重庆机床)始建于 1940 年，2005 年年底整合重庆第二机床厂、重庆工具厂组建重庆机床集团。公司以专业生产齿轮加工机床为主，目前年产销齿轮加工机床 1500 台以上，是国内最大的成套制齿装备生产基地，也是世界齿轮加工机床产销量最大的制造商。

自 2006 年开始，重庆机床就主动开展了机床再制造技术研究工作，并先后承担了两项机床再制造领域的国家科技支撑计划项目。其中，2006 年重庆机床联合重庆大学承担了国家"十一五"科技支撑计划项目"机床再制造关键技术与应用"。该项目获得 2 项国家授权发明专利、1 项软件著作权和 1 项金切机床再制造技术标准，2009 年通过了科技部、中国机械工业联合会组织的项目验收，标志着重庆机床在绿色再制造技术研究方面取得重大突破。目前，借助该项目已完成 10 余家企业 350 多台废旧装备的提升改造，实现销售收入 1200 余万元，为相应企业盘活存量资产价值达 3000 多万元，节省购置同类数控设备费用达 5000 万元以上。2011 年，该集团联合重庆大学、华中自控共同承担了国家"十二五"科技支撑计划课题"机床再制造成套技术及产业化"。该项目总投入 1668 万元(其中国拨经费 618 万元)，主要突破了机床再制造评价与设计、零部件剩余寿命检测与评估、关键零部件再制造工艺、整机数控化及信息化综合应用、机床系统节能、质量控制等关键技术。重庆机床利用上述两项国家科技支撑计划项目，形成了一套创新实用的机床绿色再制造与综合提升成套技术。在此基础上，集团大力发展机床再制造产业化应用示范，取得了良好的经济效益和社会效益，对我国机床再制造行业发展做出了较大贡献。同时，集团也成为我国机床领域实施节能减排的示范基地及重庆市发展循环经济的亮点。

武汉武重装备再制造工程有限公司：该公司成立于 2012 年，是武汉重型机床集团有限公司(简称武重机床)的全资子公司。武重机床是国内生产重型、超重型机床规格最大、品种最全的大型骨干企业，也是世界一流的现代化数控重型机床研发制造基地。集团主导产品有重型与超重型的数控立式车床、卧式车床、卧式加工中心、龙门镗铣床等八大类产品。其中，超重型数控立式车床、超重型数控龙门镗铣床达到当代国际先进水平，其极限制造能力位居行业前列。譬如，世界最大规格、最大承重的超重型数控立式铣车床产品(加工直径 28 米)、超重型卧式车床产品(两顶尖承重 500 吨)、超重型数控双龙门移动式镗铣床(加工宽度 10 米)等，成为武重向国家重点行业和国防建设提供重大技术装备的最具竞争力产品。

在装备再制造工程有限公司成立之前，武重机床早期主要针对市场份额最大的普通车床 C616、C616-1 等用户群开展机床再制造升级。此后的 2011 年，该集团完成了超过 16 台重型、超重型机床的再制造，机床再制造年产值达到 1 亿元，成为我国机床再制造领域的领军企业之一。武重机床通过认真统计发现，再制造机床可实现单台利润率 15%以上，超过新机床单台利润率。因此，该集团成立了专门的再制造子公司承担工信部批复的再制造试点工作。而在装备再制造工程有限公司成立之后，公司将业务范围锁定在能源、交通、冶金、机械、铁路、航空、航天、军工等行业重型、超重型机床的再制造与数控系统升级，成为重型和超重型机床再制造领域的示范企业之一。

4) 办公信息设备再制造领域

A. 办公信息设备再制造整体情况

办公信息设备主要包括激光与喷墨打印机、激光传真机、静电复印机、数字式多功能一体机复印机等。我国办公信息设备市场销售量及社会保有量持续快速上升，如日本企业设在我国工厂年生产 400 多万台复印机，占全球复印机总产量的 60%以上，而废旧办公信息设备与耗材的淘汰率大大提高。据不完全估计，我国每年淘汰的各类复印机达到 20 万～70 万台、激光打印机 70 万～250 万台、喷墨打印机 1000 万台左右、激光多功能一体机 12 万～40 万台，废弃的墨盒超过 1300 万个。国内众多的废旧办公设备处理企业规模大多以小作坊为主，它们对上述废旧产品处理不当，从而造成环境生态体系污染与破坏[69]。为此，工信部在 2009 年和 2016 年公布的两批机电产品再制造试点单位名单中，分别将珠海天威飞马打印耗材有限公司、山东富美科技有限公司、富士施乐爱科制造(苏州)有限公司及南京田中机电再制造有限公司等列为办公信息设备再制造试点企业。其中，珠海天威飞马打印耗材有限公司、山东富美科技有限公司、富士施乐爱科制造(苏州)

有限公司被工信部确定为再制造示范单位，引领我国办公信息设备再制造的发展与壮大。

B. 典型办公信息设备再制造企业情况

南京田中机电再制造有限公司：该公司(简称田中机电)成立于1992年，位于南京高淳经济开发区，是国家质检总局批准的专业从事旧办公设备再制造的领军企业。田中机电占地面积40亩，拥有年生产10万台再制造复印机的生产线，是全球最具规模的数码复印机再制造生产工厂。20多年来，田中机电一直从事激光彩色和黑白中高速打印复印机和复印机硒鼓的再制造业务（产品如图2.8所示），并由南京环星(Ecostar)复印设备有限公司负责其产品国内市场销售与售后服务。

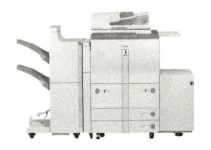 

(a)佳能 IR6020 激光黑白打印复印机　　　　(b)复印机硒鼓

图 2.8　田中机电再制造的佳能 IR6020 激光黑白打印复印机和复印机硒鼓

田中机电十分注重运营模式和再制造技术研发两项工作。其中，在经营模式上创新方面，公司创立了"以租代售、按张收费"的销售模式和"以换代修"售后维修服务体系。譬如，针对激光复印机价格昂贵，大客户(太平洋保险、新华人寿、苏果超市等)一般不成批采购的情况，公司采取设备租赁方式取代销售降低客户的经济负担。同时，当设备出现故障时只进行大部件更换，更换下来的大部件再回厂再制造，从而迅速恢复客户复印机的运行。在再制造技术研发方面，公司汇集了中国再制造技术、复印技术资深专家、教授，并与南京林业大学等高校合作成立复印机技术研发中心，从而积蓄了相当的技术力量。在强大技术实力和优良运营模式的支撑下，目前田中机电再制造中高速数码复印机的年销售量已突破4万台，国内市场占有率超过50%，已经成为全球最大的激光复印机再制造企业。公司在循环经济方面的努力，得到社会各界的认可。2007年公司产品开始进入江苏省、湖北省政府协议采购目录；2009年公司被世界资源研究所"WRI新经济中国项目"评为年度企业。公司在国内复印机行业中拥有了较高的知名度和美誉度。

珠海天威飞马打印耗材有限公司：该公司(简称天威飞马)成立于1996年，地处美丽浪漫海滨城市珠海。天威飞马是一家大型港商独资明星企业，也是全球最大的通用打印耗材生产制造商之一、中国计算机行业协会打印机耗材专业委员会会长单位。天威飞马拥有 20 多年的专业打印耗材制造经验，并以出色的耗材产品不断发展壮大。该公司集色带、喷墨、激光耗材产品研发、生产于一体，产品种类多达 1000 多种，产品远销全球 100 多个国家和地区，是专业化、全门类、高集成的耗材生产基地，系亚洲再生/兼容耗材制造业的龙头企业。

天威飞马一直秉持以科技创新为先导，十分重视知识产权工作和再制造人才培养工作。在知识产权方面，公司的 86T 独家摘取国家专利最高奖——中国专利金奖，激光再生碳粉项目获得过珠海市科技突出贡献百万重奖。公司申请的专利总数已突破 1000 件，其中国内专利 900 余件中已有 700 余件获得授权；国外专利近 100 件中超过 50%已获授权。公司拥有专利的总量和质量位列全球通用耗材领域第一位。在再制造人才培养工作方面，每年耗资近 200 万元给员工安排度身培训。自 2000 年至今，公司已先后与中山大学、暨南大学、华南理工大学等高校合作开办工商管理硕士班、工程硕士班、工商企业管理大专班、机电一体化大专班培养科技和管理人才，200 多名企业精英参与培训与学习，公司每年还选派优秀人才出国学习、工作。良好的软实力为公司的发展奠定了坚实的基础。

富美科技集团有限公司：该公司(简称富美集团)的前身是成立于 2004 年的山东富美科技有限公司，2012 年经国家工商总局企业名称变更核准更名。富美集团位于济南经济开发区，是一家主要从事激光打印机、传真机硒鼓再制造的高科技现代化企业。集团一期工程已投资 7.7 亿元，设计年生产 500 万支富美牌(forever)激光硒鼓，产品基本覆盖 HP、Canon、Samsung、Brother、Lexmark 等品牌所用的激光打印机，年销售收入 17 亿元。该集团是商务部、环保部、质检总局、海关总署确定的唯一空壳鼓进口试点单位，也是工信部硒鼓产品再制造试点企业。该集团曾荣获"山东省循环经济十大示范工程"，并被联合国环境规划署评为"节能环保新型示范企业"。

富美集团自成立之初就确立了打造打印行业的民族品牌的发展目标。该集团始终坚持走科技创新和自主研发之路，现建有省级节能环保激光硒鼓工程技术研究中心和市级企业技术中心，正在申报建设国家级两中心和实验室。截至目前，公司已完全掌握芯片、磁辊、充电辊等七大关键技术，同时申报国家专利 200 余项。经过 10 余年的发展，目前富美集团在全国主要省会城市设有 24 个分公司，开展品牌宣传、渠道招商、客户服务等工作。自公司推行"终生循环"服务模式以来，得到全国用户的广泛接受，产品已在中央政府采购和 20 余个省、市政府采购中心中标。

富士施乐爱科制造(苏州)有限公司：该公司[简称富士施乐(苏州)公司]成立于 2008 年，位于素有人间天堂的苏州市，是日本富士施乐株式会社在除了本土和泰国之外建立的第三家再制造企业。日本富士施乐株式会社是全球最大的打印机和数码复印机再制造企业，该公司早在 1995 年就制定了产品循环利用政策，并向社会承诺最终实现"零填埋""零污染""无非法丢弃"的企业目标。为了及时有效处理其在中国市场日益增多的废旧打印机和复印机，该株式会社总投资 6.5 亿日元建立了富士施乐爱科制造(苏州)有限公司。目前，该公司的年分解处理能力为 1.5 万台废旧数码复印机、打印机及 50 万个硒鼓，公司要求数码复印机、打印机等办公设备的循环利用率达到 96%，硒鼓的循环利用率达到 99.9%。

富士施乐(苏州)公司在废旧产品回收过程中，利用富士施乐(中国)有限公司与三井物产(上海)贸易有限公司、上海三网国际货运有限公司和中邮物流有限责任公司建立的物流网络，从全国各地回收废旧数码复印机、打印机和硒鼓，对其进行专业的拆解、分类形成零部件。经过严格质量检验后，将那些符合新品标准的零部件送到硒鼓生产线上进入组装流程，而那些不可再利用的零部件将被再生处理为原材料。通过这种再制造方式，提高了资源的循环利用率，最终实现"零填埋""零污染""无非法丢弃"的目标。

2.2.3　我国再制造产业发展特征

结合国内再制造产业总体情况和细分情况，并对比国外再制造产业发展情况，不难得出我国再制造产业发展具有如下典型特征。

(1)再制造产业介于产业生命周期的萌发期与成长期这一关键时期。再制造产业发展需要历经萌发期、成长期、成熟期和转型期四个阶段(图 2.9)，不同阶段具有明显的特征差异，其产业培育与所需的政策支持也各不相同。目前，我国再制造产业正介于萌发期与成长期这一产业形成关键期(如汽车零部件再制造已处于成长期的前段，而工程机械再制造、铁路装备再制造等仍处于萌发期后段和成长期前段)，在再制造产业体系平台建设、再制造生产与市场流通体系构建、再制造政府政策财税支持及寻求产业集聚与扩散有效路径等方面，迫切需要开展深入研究，尤其是需要政府加以有效的宏观指导与扶持。

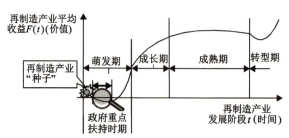

图 2.9　再制造产业发展演化示意图

(2)再制造技术大国、产业小国。我国再制造领域的权威专家、中国工程院院士徐滨士认为：我国是典型的再制造技术大国、产业小国。在再制造技术层面，我国十分重视先进再制造技术的研发。早在 2000 年，国家自然基金委员会就批准"再制造工程技术及理论研究"作为机械学科发展前沿与优先发展领域；2003 年，国家中长期科学与技术发展规划将"机械设备的自修复与再制造"列为制造业发展研究的 19 项关键技术之一。在装甲兵工程学院、清华大学、上海交通大学、西北工业大学、空军第一研究所等一大批高校和科研院所的集体努力下，我国在再制造基础理论和关键技术研发领域取得重要突破，创新性地研发自动纳米颗粒复合电刷镀、再制造产品剩余寿命预测与评估等先进再制造技术，成功研制了自动化高速电弧喷涂、自动化等离子熔覆等先进再制造设备，达到了国际先进水平。然而在产业层面，我国再制造产业年产值仅约 79 亿美元，产值明显偏小，尚不足美国再制造产业年总产值的 8%，是典型的再制造产业小国。

(3) 企业主导、政府推动的"被动式"产业发展模式。目前，因市场环境、政府支持方式与力度、企业发展条件、再制造技术水平等因素的差异，世界各国的再制造产业发展模式不尽相同。北美、日本等再制造产业发达国家和地区具有比较完善的再制造运作模式和成熟的市场环境，形成了市场主导、利益驱动的"主动式"发展模式。以美国汽车零部件再制造行业为例，其发展规模和速度雄踞世界首位，成为超越美国钢铁工业的"工业巨人"，这主要归功于美国政府对再制造宽松的管理政策和良好的市场环境。在丰厚利润魔力的驱使下，三种类型再制造企业(包括独立大型再制造企业、原始制造商投资或授权的再制造企业和数以万计的小型再制造工厂)都主动参与汽车零部件的再制造业务，以各种灵活的方式为客户提供完善的再制造服务。其中，独立的大型再制造企业根据维修市场需求生产再制造产品并自由销售；原始制造商投资或授权的再制造企业将其生产的再制造零部件纳入原始制造商的备件服务系统；而小型再制造工厂则直接为客户提供再制造服务。相比较而言，国内的再制造产业目前属于企业主导、政府推动的"被动式"产业发展模式，其典型特征是：基于政府政策的积极鼓励与大力支持，再制造企业基本上是在原始制造商的控制下发展。目前，国内具有一定规模的再制造企业，如汽车再制造领域的领头羊济南复强、上海瑞贝德、玉柴再制造工业(苏州)有限公司和东风康明斯再制造中心，以及工程机械再制造领域的翘楚卡特彼勒再制造工业(上海)有限责任公司、湖南三一工程机械再制造公司，它们均是在相应原始制造商的影响与控制下开展再制造业务。大部分再制造产品主要在原始制造商的售后服务网络中流通，很少流向社会维修市场。

(4) 再制造产业起步晚，但再制造模式独具中国特色。国外再制造起步虽早，已有近 80 年的历史，但其主要以换件修理模式和尺寸修理模式为主。这两种模式不完全适合于中国国情，无法充分挖掘再制造的巨大潜力。譬如，换件修理模式将损伤零件整体更换为新零件，被更换零件要么成为垃圾，要么被回炉冶炼，重走一遍熔炼成形制造使用的"耗能、污染"过程；尺寸修理模式则是将失配的零件表面尺寸扩大到规定范围，再配以相应大尺寸新品零件重新配副，虽然能恢复零件的出厂性能，但因破坏了互换性且使用了非标准件，故达不到原型机新品的使用寿命。我国再制造虽起步较晚，但目前已经形成了"以高新技术为支撑，以恢复尺寸、提升性能的表面工程技术为手段，产学研相结合，既循环又经济"的中国特色的再制造模式。该模式的主要创新在于：引入了先进的表面工程技术作为主要再制造技术手段，通过表面工程技术对零件的局部损伤进行"加法"修复，以恢复并提升零件的性能，最大限度地挖掘了废旧零件中蕴涵的附加值，避免了回炉和再成形等一系列加工中的资源能源消耗和环境污染。在这种模式指导下，中国再制造取得十分显著的成效。以再制造 200 万台斯太尔发动机计，可节省金属 153 万吨，节电 29 亿千瓦时，回收附加值 646 亿元，实现利税 58 亿元，减少二氧化碳排放 12 万吨。

第3章 我国再制造产业发展分析与评价

我国开展再制造已有近 30 年的历史，对再制造产业的认识也经历了从再制造概念被理解与接受到产业获得政府认可并被列为战略新兴产业的发展过程。目前，我国正处于经济社会发展战略转型的关键时期，《中华人民共和国国民经济和社会发展第十三个五年规划纲要》更是提出了如何在资源、环境双重约束条件下实现产业选择与转型升级的重要命题。发展再制造产业具有节约资源、降低能耗、减少污染物排放的显著功效，十分贴合"十三五"发展规划的要求，是我国政府重点关注的产业领域。开展客观全面的再制造产业发展分析，并科学准确地评价各省份再制造产业发展实力与水平，能够为该产业谋划未来发展重点和方向提供有益的决策参考。

3.1 我国再制造产业发展 SWOT 分析

SWOT 分析是美国哈佛大学肯尼思·安德鲁斯教授于 20 世纪 80 年代提出的战略分析框架，其基本思想是：在综合研究对象内部条件和外部环境的各项因素基础上，系统评价其内部优势 (strength) 与劣势 (weaknesses) 及外部机遇 (opportunity) 与挑战 (threats)，实现对研究对象的综合分析。鉴于 SWOT 分析能够比较全面客观地把握研究对象的现实状况，本章利用 SWOT 分析方法探讨我国再制造产业的优势、劣势、机遇与挑战，并提出针对性的产业发展对策建议。研究能够为我国再制造产业发展主管部门(包括国家及各省份发改委、工信部及科技部等部门)把握产业发展态势和制定针对性产业发展政策措施提供有益的决策参考和借鉴。

3.1.1 再制造产业发展的内部优势

1. 再制造产业受到我国各级政府高度重视，已被列为战略性新兴产业

我国正处于经济社会发展的战略转型期，同样面临着日趋紧迫的资源与环境压力。为此，我国国民经济和社会发展"十一五"规划明确提出要建设资源节约型、环境友好型社会，"十二五"规划更是强调要大力发展循环经济。再制造产

业在节约资源、保护环境、促进就业等方面优势突出，受到我国政府的高度重视。目前，我国出台了一系列的政策法规以促进其发展，如 2005 年国务院出台《关于加快发展循环经济的若干意见》，明确提出支持发展再制造产业；2006 年国家发改委、科技部和环保总局颁布了《汽车产品回收利用技术政策》，支持开展汽车回收再利用技术研发；2008 年国家发改委颁布了《汽车零部件再制造试点方案》，鼓励大力发展汽车零部件再制造产业；2009 年正式实施的《循环经济促进法》，首次以法律形式明确要求发展再制造产业；2010 年国家发改委发布的《关于推进再制造产业发展的意见》，提出要扩大再制造试点范围和完善再制造产业政策；《国民经济和社会发展第十二个五年规划纲要》和 2010 年国务院颁布的《关于加快培育发展战略新兴产业的决定》均明确将再制造产业列为节能环保类战略新兴产业加以重点支持；2011 年，全国人大审议通过的"十二五"规划纲要明确把"再制造产业化"作为循环经济的重点工程之一；2014 年 9 月，国家发改委、财政部、工信部等部委联合发布了《关于印发再制造产业"以旧换再"试点实施方案的通知》，再一次明确要建设一批再制造示范工程和示范基地，开展再制造产品认定，研究制定再制造相关的鼓励政策，推进逆向物流体系建设，促进再制造产业的规模化、规范化发展。在短短的 10 年时间，如此密集地出台再制造产业相关政策、法规，再制造产业的受重视程度可见一斑。在国家政策法规的推动下，我国再制造产业发展势头良好。目前，我国再制造产业已在工程机械、汽车零部件、办公设备、机床和铁路装备等领域展开，我国已成为世界上最重要的再制造中心之一。

2. 再制造产业发展由"企业试点"向"产业基地"转变，产业发展后劲逐渐显现

与国外再制造产业发达国家普遍采用"技术产业化"模式不同，我国再制造产业发展经历了"企业试点"向"产业基地或园区"转变的过程。2009 年和 2016 年工信部先后两批批复了 86 家机电产品再制造试点企业和 5 个再制造产业集聚区（湖南浏阳、上海临港、四川彭州、安徽合肥、合肥雨山）；2013 年和 2015 年国家发改委批复了张家港、长沙（浏阳、宁乡）和上海临港 3 个国家级再制造产业示范基地。其中，张家港再制造产业示范基地规划重点项目 37 个，计划总投资超过 100 亿元。目前，基地引进了富瑞特装、西马克、那智不二越等 10 余家再制造骨干企业，形成了以汽车发动机再制造为主，冶金设备、精密切削工具再制造为辅的产品体系，2015 年再制造年产值已超过 50 亿元。基地提出了力争自批复之日起 3～5 年内再制造产业规模达到 300 亿元，建成具有国际影响力再制造生产基地的发展目标[70]。长沙（浏阳、宁乡）再制造产业示范基地是国内最早的再制造产业集聚地之一。基地分别以浏阳和宁乡为东、西两翼，集聚了以三一重工、中联重科、湖南轩辕春秋、楚天科技、协力液压等为代表的 29 家再制造企业，东翼大力

发展工程机械零部件和汽车零部件再制造产业，西翼大力发展机床零部件和医药设备零部件再制造产业。目前，基地已累计完成投入超过 6 亿元，2015 年实现再制造产业年产值超 50 亿元，其中三一重工、中联重科两大工程机械巨头再制造年产值分别超过 6 亿元和 5 亿元。基地提出聚集 68 家再制造企业为建设目标，力争实现再制造产业年产值 90 亿元。而上海临港是目前国内唯一一个同时获得国家发改委、工信部、商务部等部委批复的国家级再制造产业基地，上海大众幸福瑞贝德、上海电科电机、卡特彼勒再制造工业(上海)有限公司等一批龙头企业已经进驻，在汽车零部件、机电产品、工程机械等再制造产品领域具有很强技术优势和一定产业规模，2015 年再制造产业年产值约 50 亿元。目前，基地正积极引进康明斯、沃尔沃、通用电气、永达、长久等高端医疗器械、飞机发动机、港口机械高附加值项目，全力打造再制造共性技术研发、产品质量检测、人才实训基地、宣传展示四大公共服务平台，逐步推动再制造发展的产业化与规模化[71]。

除了上述国家级再制造产业示范基地，其他省份也在纷纷打造特色再制造产业基地。湖北积极围绕工程机械、重型工业装备(重心机床)、汽车零部件及激光再制造装备，打造四大再制造产业基地。其中，全国首个以工程机械为特色的东西湖区再制造产业基地已拥有千里马、泰天、湘楚天下等多家再制造企业，2011 年基地工程机械销售及再制造产值超过 18.5 亿元，预计未来再制造年产值将达到 50 亿元；青山区重型工业设备再制造产业基地以武汉重型机床集团和武汉华中自控技术发展有限公司为龙头，在重型、超重型机床再制造领域独树一帜，年产值超亿元。广西则依托柳工集团和玉柴集团主要开展工程机械和汽车零部件再制造业务，其中柳工集团工程机械再制造业务 2014 年实现销售收入 4000 多万元，玉柴汽车发动机再制造项目规划年产 3 万台再制造发动机。辽宁自 2011 年开始建设以大众一汽发动机(大连)公司动力总成再制造项目为载体的国内首个动力总成再制造基地。由此可见，我国再制造产业逐渐形成园区化、集群化的发展态势，产业基地的集聚效应逐渐显现，这势必会推动该产业后期强势发展。

3. 再制造行业分会与再制造产业联盟双重助推，产业发展具备坚实的行业后盾和保障

欧美再制造产业发达国家和地区的发展经验表明，产业的良性有序发展离不开再制造行业协会的积极参与和组织协调。以汽车再制造为例，美国形成了以 PERA、APRA 和 APA 三大协会为主体的再制造行业协会组织。这些再制造行业协会统筹协调美国重要汽车再制造企业，对于该产业快速发展功不可没。目前，我国再制造产业已初步形成了"再制造行业分会+再制造产业联盟"双重助推的再制造行业组织，如表 3.1 所示。其中，再制造行业分会主要依托现有行业协会和学会增设分会产生，如 2010 年中国汽车工业协会成立了汽车零部件再制造分会；

再制造产业联盟则通常由行业协会、再制造企业、大学及科研院所共同发起成立，如2009年成立的机床再制造产业技术创新战略联盟，主要由中国机电装备维修与改造技术协会、重庆机床(集团)有限责任公司、重庆大学等31家企业、大学、研究院所及行业协会发起成立。上述再制造行业组织对于我国再制造产业发展具有如下重要作用。

表 3.1　我国主要的再制造行业组织

类别	行业组织名称	成立时间	业务主管单位
再制造 行业分会	中国物资再生协会再制造分会	2006 年	国务院国有资产监督管理委员会 (以下简称国务院国资委)
	中国设备管理协会再制造技术委员会	2004 年左右	国家发改委
	中国机械工程学会再制造工程分会	2010 年	中国科学技术协会
	中国汽车工业协会汽车零部件 再制造分会	2010 年	中国机械工业联合会
	中国工程机械协会维修与再制造分会	2010 年	国务院国资委
	全国绿色制造技术标准化技术委员会 再制造分委员会	2011 年	全国绿色制造技术标准化 技术委员会
再制造 产业联盟	机床再制造产业技术创新战略联盟	2009 年	绿色制造技术创新联盟联盟
	汽车产品回收利用产业技术创新 战略联盟	2010 年	—
	内燃机再制造产业联盟	2014 年	中国内燃机工业协会

一是构筑再制造产业技术创新体系，促进产、学、研、用四位一体再制造产业链形成。我国再制造产业起步相对较晚，实现产业弯道超车的关键在于构建结构合理的技术创新体系。而成立再制造行业分会和产业联盟的主旨是，充分利用其成员凝聚作用引导再制造企业、高校及科研院所实施协同，从而构建一个产、学、研、用紧密结合的再制造技术创新体系，全面提升我国再制造技术研发及成果转化应用能力，形成一条高效再制造产业链引领产业蓬勃发展。

二是发挥政府与成员单位之间纽带与桥梁作用，协助政府制订产业规划及产业政策，增强成员的沟通交流并开阔其国际视野。我国再制造产业正处在寻求突破以获得高速发展的阶段，制定合理产业政策和开展国内外技术及信息交流至关重要。目前，我国再制造行业分会和产业联盟扮演着连接政府与其成员(主要包括再制造企业、高校、科研院所等)的重要角色，一方面，它们利用充分了解国内再制造产业发展状况的既有优势，协助政府制订合理的产业发展规划与产业政策。另一方面，它们不定期举办国际、国内再制造产业研讨会和技术交流会，并组织成员单位赴美国、英国、德国开展再制造产业发展交流。譬如，中国汽车工业协会再制造分会举办了 2016 年全球再制造国际战略发展高峰论坛，并组织了 2014 年赴德国、英国等国的汽车零部件再制造企业考察交流活动；而内燃机再制造产业联盟成功举办了 2015 年再制造产业发展研讨会，并开展了赴美国(2015 年)和意大利、英国等国(2016 年)发动机再制造企业实地考察与交流。通过广泛的沟通与交流，成员单位加强了再制造产业的技术交流和信息共享，深入了解了国外先进的再制造经营管理理念、再制造技术及再制造体系，同时也给再制造企业创造了拓展海外市场的机会，这对于我国再制造产业实现突破自我具有重要作用。

三是组织成员单位共同制定再制造标准、规范并展开相关培训，提升成员自身能力与水平。再制造行业分会及产业联盟利用自身组织协调优势，针对汽车零部件、工程机械、机床等不同再制造产品领域，分别组织相关企业、高校与科研院所等成员单位共同制定再制造工作标准和技术规范，并实施针对性的再制造培训，从而帮助成员有效提高再制造研发与制造能力，改善再制造生产工艺和提高再制造生产效率，最终达到提升我国再制造产业整体竞争力的效果。

4. 一批国内知名高校与科研院所多种形式积极参与，产业发展具备一定的科研与人才支撑

再制造产业属于高新技术战略新兴产业，该产业发展需要良好的科研能力和创新人才予以支撑。目前，高等院校和科研院所是我国最为重要的技术及人才培育载体。近年来，一批国内知名高校以创建再制造技术研究所、工程研究中心、工程技术中心以及产业研究院等多种形式积极参与再制造产业发展。其中，2008 年，清华大学与山东能源机械集团大族再制造有限公司合作成立了清华大学-山能机械集团再制造技术研究所，该所的激光熔覆加工制造能力居于国内首位。2015 年，清华大学苏州汽车研究院与张家港经济技术开发区共同设立张家港清研再制造产业研究院，主要开展再制造技术研发、再制造检测与认证工作。2009 年，浙江工业大学筹建了"过程装备及其再制造"教育部工程研究中心，重点开展过程装备再制造相关技术与设备研究。2012 年，装甲兵工程学院(我国再制造技术重要发源地)和北京科技协作中心组建了机械产品再制造国家工程研究中心，在再制造核心技术研发、关键设备研制、服务产业发展等方面取得了显著成绩。华中科技大学成立了先进制造工程研究院，2013 年成功申报国家科技部 863 计划项目："工程机械回收与再制造关键技术研究与示范"。同年，江苏理工学院成立了报废汽车绿色拆解与再制造工程技术研究中心。此外，上海交通大学与美国通用汽车公司合作开展了轿车回收再制造技术研究；西安交通大学使用表面工程技术进行设备零部件再制造研究；西北工业大学则主要开展了再制造生产管理与质量控制研究。在重点关注再制造技术研发的同时，一部分高校也在不同层次、不同类型

的再制造人才培养方面开展了有益尝试。其中，装甲兵工程学院十分注重高层次再制造研发人才的培养，2011年该学院申报了国内第一个自主设置学科——再制造工程，并开始招收该方向的硕士生、博士生，形成了较为系统的再制造工程学科体系。而天津职业技术师范学院、江苏理工学院、江苏机电职业技术学院、重庆理工大学等一批二本院校，则开展了再制造生产、物流或市场营销本科层次人才培养。譬如，2011年天津职业技术师范学院筹建了机械再制造工程专业，主要从事再制造生产方面的本科生培养；2013年河北农业大学与中国设备零部件再制造产业技术创新战略联盟共同组建了再制造工程管理人才培训基地，而上海电机学院、上海临港科技学院与上海临港集团合作建设了再制造人才实训基地。

相对于高等院校，我国的一些科研院所则主要承担了再制造技术、标准及再制造产品质量检验等方面的研究。其中，山东机械设计研究院开展了机床再制造工程技术研究；天津机械工程研究院一直致力于工程机械再制造技术、标准研发与制定，2010年该院承担了国家科技部支撑项目"工程机械零部件再制造关键技术与装备"，形成了16项再制造技术专利，制定了20项再制造工艺流程和7项再制造企业标准；2009年，上海临港集团与上海出入境检验检疫局共同建设了再制造检验鉴定中心（国内唯一一个国家级再制造机械产品检测鉴定重点实验室），该中心重点开展激光熔覆、激光清洗等技术研发与产业化；2013年，国家质检总局批复山东泰安成立国家首家机械产品再制造质量监督检验中心，该中心将综合运用检测、标准信息、计量认证等多种质监工作手段推广先进再制造共性技术，并组织技术专家深入再制造企业查找质量问题；2015年国家认证认可监督管理委员会批复江苏张家港成立国内首家国家级汽车零部件再制造产品检测中心。该中心依托张家港国家级再制造产业基地，主要开展汽车零部件分级分类标准体系研究。随着一大批高校与科研院所深入开展再制造技术研发、产品标准制定、质量检验认证及再制造专业人才培养工作，我国再制造产业具备了初步的科研与人才保障。

3.1.2　再制造产业发展的内部劣势

1. 投资主体外资比重偏大且产业规模整体偏小，难以带动我国传统产业升级

目前，我国再制造产业发展面临以下两个突出问题：一是投资主体中外资所占比重偏大。从表2.1不难看出，在汽车零部件、工程机械、办公信息设备、电子电器等我国主要再制造产品领域的再制造企业中，外资企业和合资企业所占比重较大。出于掌控核心技术和最大化企业利益的双重考虑，外方投资主体通常吝啬于将资金投向再制造关键技术及装备研发，同时还乐于采购国外的再制造设备

及原材料。二是产业规模整体偏小。由于现有外资(或合资)再制造企业未能与当地资源有机融合,同时国内再制造企业也未完成高效成长,目前我国大型再制造企业尚不足 10 家,2015 年全国再制造产业年产值约为 79 亿美元,仅占全球总量的 1/20。显然,我国再制造产业规模整体偏小,无法形成规模效应。上述两个问题的存在导致无法发挥再制造高新技术产业对我国既有装备制造业、原材料业、物流业等传统产业的带动与升级作用。

2. 产业布局相对集中且存在一定同质化现象,容易形成局部不良竞争

目前,我国再制造企业主要集中于江苏、上海、山东、浙江、广东、广西、辽宁、湖南、湖北、重庆等中东部地区,尤其是环渤海经济区、长江三角洲地区及珠江三角洲地区等东部沿海地区。此外,再制造产品领域主要集中于汽车零部件、工程机械、办公设备、电子电器,部分产品存在较为明显的产业同质化现象,容易出现局部恶性竞争。以电子电器再制造为例,相距仅 60 多千米的无锡、苏州两地分别投资 3000 万美元和 1000 万美元成立了两家大型家用电器回收再利用企业,出现了较为严重的局部竞争局面,导致两家企业均开工率严重不足。

3. 再制造企业大多存在"无米下锅"问题,造成投资的巨大浪费

对于再制造企业而言,废旧产品是其进行生产的主要原材料来源。目前,我国大多数再制造企业存在"无米下锅"的问题,即原材料短缺问题。譬如,投资3000 万美元的新加坡伟城环保工业(无锡)有限公司,主要从事废旧电子电器产品回收再利用。自 2005 年竣工投产以来,其设备利用率仅为项目一期计划生产能力的 40%,企业一直负效益运行。造成这种现象的主要原因是,由于缺乏对再制造商、回收商、消费者等各再制造产业参与群体之间的利益协调分析,尚未形成给予返回废旧产品的消费者足够补贴的激励政策与机制,导致再制造正规回收渠道的废旧产品回收价格远低于"回收游击队"的回收价格。出于自身利益考虑,消费者不愿积极参与废旧产品回收,而更愿将其交给"回收游击队"。因此,我国再制造企业出现了原材料短缺和开工率严重不足的局面,造成了巨大的投资浪费。

4. 领军型再制造企业相对缺乏,产业聚集与扩散效应尚难形成

领军型企业对于产业集聚的形成及产业扩散具有至关重要的作用。目前,我国相对缺乏在企业规模、再制造与销售能力、核心再制造技术创新、逆向物流体系构建、高端再制造人才队伍培养等诸方面具有明显优势的领军型再制造企业。即便是国内开展最早、发展相对最好的汽车零部件再制造和办公设备再制造,作为领头羊的济南复强动力有限公司、上海大众幸福瑞贝德动力总成有限责任公司、

三立(厦门)汽车配件有限公司、柏科(常熟)电机有限公司、珠海天威飞马打印耗材有限公司及南京田中机电再制造有限公司等知名再制造企业，它们也仍未达到领军型再制造企业的水平。由于再制造领军企业相对缺乏，无法形成以其为核心的产业集聚及良性扩散的喜人局面，难以引领和推动该产业快速成长与稳步扩张。

5. 高端创新型再制造专业人才严重短缺，产业难以实现突破式发展

目前，我国再制造产业发展面临着核心再制造技术与设备匮乏、再制造产品市场需求开拓困难、废旧产品回收物流体系难以构建等一系列现实问题。但归根究底，造成上述问题的主要原因在于：缺乏高端的再制造经营管理人才与技术研发人才。据不完全统计，在我国再制造从业人员中，本科生所占比例不足 15%，硕士研究生以上学历更是明显偏低，仅为 4.2%。我国是全球人口大国，同时也是教育大国，但在再制造人才培养方面，特别是高端创新型再制造人才培养方面仍无法满足产业发展的迫切需求。与此同时，由于再制造产业的社会认可与接受程度普遍较低，难以吸引社会上具有创新能力的高素质经营管理人才和技术专家加入，从而造成产业高端创新型人才的严重匮乏，难以支撑未来我国再制造产业实现突破式发展。

3.1.3　再制造产业发展的外部机会

1. 我国资源短缺与环境污染压力巨大，亟待发展再制造产业加以有效缓解

随着我国工业化进程的快速推进，资源过度使用和经济粗放式发展，造成了严重的资源短缺和环境污染问题。如何破解该问题实现可持续发展，成为我国政府关注的重点。发展再制造产业具有节约资源、降低能耗、减少污染物排放的显著功效。据国外研究资料统计，全球再制造产业每年节省原材料约 1400 万吨，每年可减少 2800 万吨二氧化碳气体排放，节约能源相当于 1600 万桶原油及 5 亿美元的能源成本[5]。因此，世界各国纷纷通过出台政策、法规鼓励发展再制造产业。例如，日本颁布了《家用电器再生利用法》《汽车回收利用法》鼓励开展家电和汽车再制造，欧盟和美国则主张实施延伸生产商责任(extensible producer responsibility，EPR)，其实质是大力支持开展废旧机电产品再制造。其中，美国再制造产业年产值已超过 1000 亿美元，成为美国经济发展的一个支柱产业。显而易见，再制造产业是解决当前我国资源短缺和环境污染问题的战略途径之一，也是实现循环经济和可持续发展的重要手段。因此，发展再制造产业成为我国推动经济发展的一种历史趋势与必然选择。

2. 我国是全球装备制造与使用大国，再制造产业发展潜力巨大

发展再制造产业，资源和市场两者至关重要。装备制造业要使用大量性能良好的设备，这是再制造产业的市场需求。同时它又产生大量的废旧设备，这对于以废旧设备为修复对象的再制造产业是一种资源[72]。随着我国经济发展速度的不断加快和人民生活水平的不断提高，国内汽车、工程机械、机床、电子电器产品等重要工业装备的社会保有量更是快速增长，我国已成为全球最大的装备制造及使用大国之一。2014 年，我国装备制造业实现工业总产值超过 20 万亿元，约占全球的 1/3，稳居世界首位。而作为装备使用大国，据不完全统计，2014 年我国汽车保有量为超过 1.54 亿辆（居世界第二位），工程机械保有量为 650 万～704 万辆[73]，机床保有量约为 800 万台（居世界首位），电视机、冰箱、洗衣机、计算机、空调等家用电器保有量超过 10 亿台。近年来，我国已进入一个前所未有的报废高峰期。据保守估计，全国每年报废汽车超过 500 万辆、工程机械约为 100 万台、机床为 24 万多台，每年废弃家用电器更是超过 1500 万台。再制造主要以废旧产品作为原材料，大量产品废弃也就意味着我国再制造产业有着广阔的市场前景，产业发展潜力巨大。

3. 再制造产业是推动我国制造业转型升级的重要抓手，是未来我国新的经济增长点之一

我国建设资源节约型和环境友好型社会的关键在于发展循环经济。以再制造为核心的再制造产业是现阶段循环经济发展的高端产业形式。为此，2011 年国务院印发的《关于印发工业转型升级规划的通知》明确提出要发展再制造产业，并将其作为制造业转型升级的重要抓手。目前，我国是全球最大的装备制造与使用大国之一，随着设备使用年限临近及产品更新速度加快，许多工业装备即将进入报废行列。资料表明，2005 年美国再制造产业年产值为 GDP 的 0.4%。根据我国政府工作报告中提出的 2020 年 GDP 将超过 90 万亿元，如果以美国 2005 年再制造水平的一半（即占 GDP 的 0.2%）保守推算，2020 年我国再制造产业年产值将达到 1800 亿元。再制造产业作为我国参与国际资源大循环的最有效途径之一，无疑将成为我国寻求经济发展突破的一个新的经济增长点。

3.1.4　再制造产业发展的外部挑战

1. 国外再制造产业呈现集聚发展态势，产业发展迅速导致外部竞争日渐激烈

目前，在美国、德国、英国等欧美再制造产业发达国家和地区，该产业日益

呈现出产业集聚发展的态势。譬如，美国在美国与墨西哥西部边境，欧洲在中欧及东欧地区，英国在伯明翰地区建立了汽车零部件再制造产业集聚区。采用产业集聚发展模式，打造废旧产品回收逆向物流、再制造共性技术研发、再制造产品质量检测及再制造产品营销等公共服务体系和平台，形成了完整的再制造产业链。该发展模式一方面容易产生外部规模效应，吸引大量再制造企业及其相关配套企业入驻，有效扩大再制造产业规模，提升产业整体生产效率与经济效益；另一方面可以形成内部规模效应，带来单个再制造企业的规模扩大与产量提升，从而有效降低再制造产品生产运营成本，提高企业经济效益。

得益于该产业发展模式，全球再制造产业年均增速高达 5.1%。目前，美国有 7.3 万多家再制造企业，从业人数超过 100 万人，年再制造产业产值超过 1000 亿美元，其中汽车和工程机械再制造年产值更是高达 750 亿美元。而德国再制造年产值也高达 410 亿欧元。此外，南美洲的巴西及我国周边的印度、马来西亚等发展中国家，也在着力发展再制造产业。由于经济发展与市场需求的全球化，羡慕于我国潜在庞大的再制造产品市场，国外知名再制造企业时刻准备大举进入我国再制造产业领域，力图抢占国内再制造产品市场份额和巨大再制造利润。因此，我国再制造产业发展面临日益严峻的外部竞争压力。

2. 国内再制造的社会认知程度偏低，市场需求和投融资渠道相对匮乏

尽管我国引入再制造已有近 30 年的历史，但整个社会对再制造产业的认知程度偏低，甚至存在一定的误解和偏见，从而造成了产业发展外在动力不足。

1) 广大消费者对再制造产品认可程度不高，购买意愿偏低

据有关部门调查，只有 9.7% 的消费者了解再制造，6% 的消费者买过再制造产品。绝大多数消费者主观认为"再制造"就是低质的翻新，不愿购买再制造品。而在愿意购买再制造产品的消费者中，往往倾向于购买不会影响人身安全的办公用品，如打印机、复印机等，对于人身安全风险较高的汽车零部件等再制造产品的接受程度极低，这就造成了我国再制造产品的市场需求相对不足。

2) 制造企业和金融保险机构对再制造产业认知程度不深，不愿自身从事再制造业务和开展相关再制造金融业务

鉴于再制造产业研发投入高且建设投资大，国外再制造项目投资主体有政府、国际金融组织、跨国公司、风险投资等。譬如，美国罗彻斯特理工学院再制造中心主要从事再制造技术研发，美国政府在过去的 14~15 年进行了大量投资，仅 2011 年就投资了 2300 万美元；而汽车巨头福特公司则投巨资数亿美元并购了欧洲最大汽车连锁维修企业——克维格·费特公司，建成了全球最大废旧汽车拆解

中心。然而，目前我国再制造产业的投融资渠道仍很单一，投资主体主要为外资企业和少数民营企业，多数制造企业（尤其是大型国有企业）对再制造持否定态度，担心再制造产品将冲击新产品利润空间，因而缺乏投资再制造产业的积极性。而金融和保险机构（如银行、风险投资基金、保险公司等）则由于专业技术知识的限制，无法获知再制造产业的技术特性、巨大利润空间和发展潜力，因此尚未有一家银行和保险机构愿意开展再制造项目贷款、再制造产品保险等相关业务。投融资渠道的缺乏，很大程度上制约了再制造产业成长与扩张。

3. 国内再制造产业体系尚不完善，难以为其发展提供有力支撑平台

1）再制造共性与关键技术及其标准体系尚未有效建立，产业准入壁垒高

再制造共性和关键技术是产业赖以生存和发展的基础，而技术标准是产业发展的游戏规则。我国再制造产业发展过程中，再制造共性与关键技术研究投入不足，力量相对薄弱，导致试图进入该领域的企业和个人投资者因缺乏先进技术支持而面临较高的技术壁垒。此外，目前在该领域尚未建立规范系统的废旧产品报废标准和再制造产品质量标准等两项关键国家标准体系，这在源头上阻止了再制造业务的开展。

2）再制造产品生产与市场流通监管体系较为薄弱，产业发展容易受到冲击

在废旧产品回收环节：由于缺乏相对科学合理的废旧产品回收物流体系，难以实现高效、低成本的废旧产品回收。此外，尚未建立废旧产品分类及评估体系，造成大量无法再制造的废旧产品进入再制造环节，导致后续再制造环节生产效率降低和产品利用率偏低。在再制造产品生产环节：尚未制定严格的再制造行业标准体系，再制造企业缺乏相应技术标准和规范。同时，尚未实施再制造企业准入认证制度和强制性产品质量认证制度，再制造产品质量无法获得有效保证。在再制造产品市场流通环节：在废旧产品回收和再制造产品销售过程中，由于没有成立专门的监管组织和制定相应的监管流程，不法企业假借再制造的名义开展假冒伪劣产品的生产与销售，导致维修零部件市场鱼目混杂，对再制造产品形成很大冲击。

4. 国内再制造产业政策法规不够健全且缺乏协调性

我国再制造产业整体上处于产业生命周期的萌芽期末期和成长期初期，需要政府出台产业政策法规加以扶持。然而，当前我国的再制造产业政策法规基本上停留在宏观指导层面，缺乏系统性与协调性。

1）产业政策法规不够系统健全

相对于其他成熟产业，目前我国再制造产业在财税补贴、投融资、人才培养、技术研发、市场准入等产业政策方面不尽健全，尚未形成一套较为完善的政策法

规体系。譬如，由于缺乏税收优惠政策，同时财政补贴政策执行滞后，废旧家用电器再制造企业每回收处理一台洗衣机要亏损 30～40 元，导致企业生产积极性锐减；由于缺乏市场准入政策，不少企业虽对再制造产业"垂涎三尺"却不知如何进入。产业政策体系不够健全，导致再制造产业发展难以获得切实有效支持。

2）产业政策法规协调性有待进一步加强

再制造企业的管理部门涉及国家发改委、工信部、科技部、商务部等部门，它们均从自身管理角度出台相关政策法规，从而导致政策之间缺乏协调性。譬如，国家发改委明确提出采用财税支持政策，但税务局至今尚未制定针对再制造企业的进销项抵税政策，致使再制造企业成本明显增加，制约了企业规模扩大和产业扩张发展；又如，工信部针对再制造试点企业实施了资金补贴政策，但扶持资金主要投向再制造企业而非消费者，此举虽暂时缓解了再制造企业资金短缺的燃眉之急，但由于消费者未获得相应利益，无法从源头上解决企业面临的"再制造产品市场需求不足"和"无米之炊"等生存问题。因此，在制定再制造相关政策法规时，需要各有关部门充分协商，确保政策的协调性与可执行性。

3.2　我国再制造产业发展总体对策及建议

针对 SWOT 分析，特别是我国再制造产业发展存在内部劣势和外部挑战，提出如下总体对策及建议。

1. 加大产业投资力度，实施差异化发展，实现产业规模扩张并避免局部不良竞争

针对再制造产业规模较小且投资主体外资比重偏大问题，我国应加大产业投资力度，鼓励各级政府、金融机构(包括银行、投资基金等)、外资、国有与民营企业及民间资本等多渠道投资再制造项目，特别是鼓励资金实力雄厚、技术水平高的大型国有企业投资再制造项目，从而扩大产业规模并改变投资主体外资企业偏重的局面。对于产业布局相对集中且存在一定同质化问题，应大力实施差异化发展战略。这样在避免产业同质化引发局部不良竞争的同时，还能够进一步扩大再制造产业规模，促进产业实现合理布局和良性发展。

2. 加大领军型再制造企业培育力度，实现高效的产业集聚及扩散

鉴于领军型再制造企业在产业集聚形成和产业扩散方面的核心作用，针对不同再制造产品领域，我国可以精心选经济基础好、技术水平高、发展潜力大的现有再制造企业[如工程机械领域的卡特彼勒再制造工业(上海)公司和湖南三一工

程机械再制造公司，汽车零部件领域的济南复强动力有限公司和玉柴再制造工业（苏州）有限公司，办公设备领域的珠海天威飞马打印耗材有限公司和南京田中机电有限公司等]，采用财税优惠与补贴、优先采购再制造产品、鼓励外部单位投融资、优先保障再制造高端人才引进和核心技术研发等多种方式，将其培育成领军型再制造企业，从而推动产业高效集聚和良性扩散。

3. 全面加强宣传力度，提升产业社会认可程度，实现市场需求扩大和投资渠道拓宽

再制造产品市场需求不足和投资渠道偏窄是制约我国再制造产业发展的关键问题之一。为此，针对个人、企事业单位、政府机关以及金融保险机构等不同社会群体，应全面加强再制造宣传力度，综合利用再制造科普讲座、再制造技术与设备展览、再制造公益广告、再制造产品体验馆、再制造产品使用经验交流会以及再制造产业发展论坛等多种形式，全面普及再制造知识，大力宣传其在节约资源、保护环境和创造丰厚利润等方面的巨大作用，科学引导个人消费者主动使用再制造产品，鼓励企事业单位和政府机关优先采购再制造产品，并推动金融及保险机构积极实施再制造企业融资与保险业务，从而全面提高社会各界对再制造的认可与接受程度，有效扩大再制造产品需求并积极拓宽投融资渠道。

4. 开展废旧产品回收演化博弈研究，实施消费者末端补贴，有效缓解大多数再制造企业"无米下锅"问题

造成再制造企业"无米下锅"的关键原因是：消费者未能从废旧产品回收中获得足够的利益，故不愿参与废旧产品回收工作。针对以上问题，可以开展以下两项工作加以缓解。

(1)深入开展废旧产品回收群体演化博弈研究。在废旧产品回收过程中，对各产品回收参与群体(包括再制造商、回收商、消费者等群体)开展演化博弈分析，特别加强针对消费者群体的利益分析，从而实现各参与群体之间的利益协调，促成消费者、回收商和再制造企业积极开展回收合作，有效解决当前再制造企业原材料短缺问题。

(2)大力实施消费者末端补贴政策。目前，政府主要采用两种经济措施激励再制造产业发展：一是政府以中央财政预算专项资金的形式给予再制造企业一定额度的财政补贴；二是给予参与"以旧换新"试点项目的终端消费者经济补贴。上述两种方式的不合理性在于：补贴只发放给少数再制造试点企业和参与"以旧换新"试点项目的终端消费者。我们建议政府应将绝大部分补贴资金投向终端消费者而不是再制造企业，同时终端消费者补贴不应仅给参与"以旧换新"的终端消

费者，而应扩大到所有购买再制造产品的消费者和提供废旧产品的消费者。采取上述补贴政策，能够有效解决困扰我国再制造产业发展的废旧产品回收难和再制造产品销售难两项难题，充分调动消费者参与废旧产品回收的积极性，从而有效缓解"无米下锅"问题。

5. 进一步完善再制造产业体系，为产业发展提供强有力支撑与保障平台

(1)建立深度合作的产学研合作网络，加大再制造共性与关键技术及装备研发，构筑产业发展的技术支撑。建立再制造产业技术支撑体系需要政府主管部门和各产业参与单位的共同推动，因此再制造企业、高校、科研院所等产业成员单位应发挥各自优势，力求构建以"再制造企业为中心，高校和科研院所深度合作"的产学研合作网络，在引进和吸收国外先进再制造技术的基础上，加大再制造关键与共性技术研发力度，特别是再制造拆解、再制造表面工程、再制造产品寿命预测与评估等技术的研发，形成具有我国自主知识产权的高新再制造技术，进一步缩小和赶超国内外先进水平，为产业的稳步健康发展提供良好技术支撑。

(2)重视高端创新型再制造人才培养，为产业发展提供有力的人才保障。我国再制造产业尚处于起步阶段，产业发展急需能够驾驭废旧产品回收物流管理、高新再制造技术研发、再制造生产运营管理等方面的创新型科技人才和高端经营管理人才。为此，我国应充分高度重视创新型再制造人才培养工作，一方面，鼓励在清华大学、北京大学、浙江大学、上海交通大学、华中科技大学等全国一流大学设立与再制造相关的本科专业、硕士和博士研究方向，开设再制造表面工程技术、逆向物流管理、再制造生产运营管理等相关课程，培养基础扎实、知识全面的再制造专业人才；另一方面，充分利用建立的再制造产学研合作网络，培养既懂技术又会管理的创新型再制造人才，从而为产业发展提供强大人才保障。

(3)着重加强再制造产品生产与流通监管体系建设，构建产业发展的全环节支撑。

在废旧产品回收环节：充分利用原有的新产品销售网络与维修网络(如汽车4S店等)，加快构建废旧汽车零部件、工程机械、机床等产品的逆向回收物流体系，有效降低废旧产品回收成本，提升产品回收效率。与此同时，建立废旧产品的科学分类及评估系统，提高废旧产品的可再制造比例，保证废旧产品高效回收。

在再制造产品生产环节：首先，建立严格的再制造行业标准体系，制定再制造技术标准和规范。譬如，制定报废产品检验标准、旧件检测与评价技术标准、再制造工艺技术规范及再制造产品质量标准等关键技术标准，严格确保再制造产品质量。其次，对于再制造行业采取严格的市场准入制度。针对再制造产品实行产品认证、强制标识、产品信息备案等制度，对从事再制造的企业实行生产许可

证等行政审批制度,在生产环节确保再制造产品质量。

在再制造产品市场流通环节:全面推动再制造产品流通服务体系建设,建立再制造信息管理系统,加强拆解企业监管,有效避免假冒伪劣配件混入再制造产品市场。同时,建立与完善再制造产品标识制度,有效保护知识产权和消费者权益,确保流通环节安全、顺畅。

6. 丰富和完善再制造产业政策和法规体系,为产业发展提供制度保障

(1)制定系统科学的再制造产业发展政策,注重产业政策的协同性。我国国家发改委、工信部、科技部等相关部门应根据实际情况,尽快制定系统的再制造产业激励政策,综合采用财政、税收、金融、价格等激励政策与惩罚手段,推动再制造产业发展。譬如,对于列入国家《再制造产品目录》的企业,应给予税收减免或抵扣并加大财政资金支持力度;对于回收的废旧产品没有增值税发票,可考虑适度应减免再制造企业的增值税;对于开展再制造关键技术研究的企业和科研机构,给予必要的技术研发资金支持等。同时,鼓励银行、投资基金等金融机构为再制造提供信贷、担保等投融资服务。在制定产业政策的同时,应进一步关注政策的协同性。譬如,减弱或取消海关和出入境检验检疫局对废旧机电产品进出口的限制,实现旧件的跨国流通,确保我国再制造企业获得充足的原材料保障。

(2)修订和完善再制造相关法律法规,优化产业发展的法制环境。建议我国抓紧制定确保再制造产业发展的专项法规和管理办法,逐步完善相关法律法规体系。譬如,完善再制造产业发展的法律责任制度,引入生产者责任延伸制度,逐步要求制造商对其进入报废期的废旧产品负有回收与再制造承担责任;制定再制造相关的知识产权保护条例,切实保护再制造企业的利益;鼓励出台促进再制造产业发展的地方规范性文件,建设一批再制造产业基地或园区,为我国再制造产业发展提供良好的发展环境。

3.3 我国再制造产业发展评价——以江苏为例

由于我国再制造产业发展较晚,目前缺乏全国性产业发展统计数据。2013 年江苏省发改委开展了《江苏省再制造产业发展状况调查》,考虑到该省再制造产业起步时间与我国再制造产业基本同步,同时产业发展情况与全国整体情况类似,具有很强的代表性,因此本书主要以江苏为例开展再制造产业发展评价研究。值得说明的是,如能获得其他省份及全国统计数据,本书评价方法同样适用。

在开展再制造产业评价时,需要有效解决以下问题:一是评价系统的不确定性。由于国内再制造产业发展历史较短,统计数据缺乏且可借鉴经验也较少,部

分评价指标数据呈现一定不确定性。二是评价准则的复杂性。针对不同评价指标，需要确定数目众多的评价分类准则和标准，而它们往往是多样异质的。目前，面向不确定系统的评价方法主要包括模糊综合评价、粗糙集理论和灰色评价。前两种方法难以有效确定大量分类标准和规则，而灰色定权聚类(灰色评价的一种)能够有效解决以上两个问题，因此选用该评价方法实现我国再制造产业评价。

3.3.1　灰色定权聚类的理论基础

灰色定权聚类是借助灰色白化权函数将待评价对象划分到事先设定的多个灰类的一种评价方法[74]。该方法利用灰色白化权函数能够有效避免大量评价准则确定问题且计算相对简单，是开展不确定系统评价较为理想的方法之一。在开展灰色定权聚类分析时，应特别关注以下两个关键环节。

一是合理界定各评价指标的灰色白化权函数 $f_j^k(\cdot)$ (包括确定函数的形状和阈值)。$f_j^k(\cdot)$ 主要用于描述评价对象 i 隶属于评价指标 j 的第 k 灰类的程度。典型的灰色白化权函数表示为 $f_j^k[x_j^k(1), x_j^k(2), x_j^k(3), x_j^k(4)]$，其中，$x_j^k(1)$、$x_j^k(2)$、$x_j^k(3)$ 和 $x_j^k(4)$ 分别为函数的四个转折点。目前，灰色白化权函数有三种延伸形式，如图 3.1 所示。由于灰色白化权函数的形状与转折点没有统一明确的界定方法，需要根据评价问题自身特征与要求确定，因此确定该函数成为评价的一个重要环节。

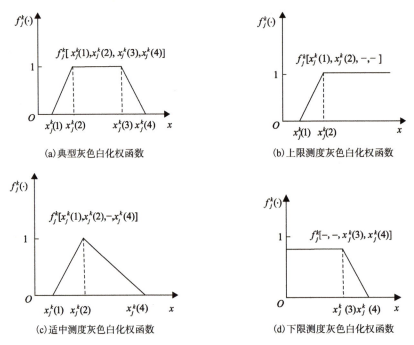

图 3.1　常用的四种灰色白化权函数

二是科学确定评价指标权重。评价指标权重合理与否决定着评价结果的优劣。为了获得合理的权重，需要兼顾评价专家的主观能动性和指标数据的客观公正性。因此，确定评价指标权重是实现科学评价的另一个重要环节。研究采用基于层次分析法（analytic hierarchy process，AHP）和熵权的组合方法确定评价指标权重，详见本书 3.3.3 小节步骤(3)。前者能够体现经验丰富的评价专家在权重评判时的主观性，后者则有效挖掘了评价指标数据本身的客观性，并实现对所获的主观权重的修正。这是对灰色定权聚类的改进之处。

3.3.2　我国再制造产业评价指标体系构建

国内再制造产业发展全面开展始于 2008 年，由于缺乏产业统计数据，再制造产业评价研究甚少，没有可直接借鉴的成熟评价指标，这给再制造产业评价指标体系构建造成了一定困难。考虑到近几年江苏、广州、浙江等地开展了再制造企业基本情况调查，如前文所述的 2013 年的《江苏省再制造产业发展状况调查》等，经汇总整理形成 20 多项调查指标。针对这些调查指标，本书采用如下方法构造再制造产业评价指标体系。

首先，构建初始的再制造产业评价指标体系。分析所有的 20 余项再制造企业调查指标可知，其可全部归入"产业经济规模及发展潜力"和"产业技术能力与水平"两类评价准则。围绕上述两个评价准则，从全部调查指标中筛选 12 个评价指标，从而构成初始的再制造产业评价指标体系。

其次，利用专家讨论凝练最终评价指标体系。在确定最终评价指标体系的过程中，邀请了三位十分熟悉我国再制造发展情况的专家参与凝练。其中，两位产业专家分别来自亚洲最大的汽车起动机、发电机再制造企业和数码复印机再制造企业，学术专家为南京航空航天大学资深教授，该教授主持了与再制造产业相关的两项国家社会科学基金项目。借助他们的帮助，评价指标数目被凝练到 6 个。考虑到评价指标体系应满足全面性要求，而现有指标体系仅有经济及技术评价准则，因此研究补充了社会评价准则"产业社会支持与认可程度"，它包含"高校及科研院所参与数目""政府支持程度""消费者接受再制造产品程度"三项评价指标。至此，构建了如表 3.2 所示的三维度产业评价指标体系。

在该评价指标体系中，对于评价准则 A_1，其评价指标 A_{11} 与 A_{12} 反映了产业的现有经济规模，而评价指标 A_{13} 则表示产业的未来发展潜力。对于评价准则 A_2，它决定了产业的发展速度。研究采用评价指标 A_{21} 和 A_{22} 表征产业技术能力，评价指标 A_{23} 则体现产业技术水平。而对于评价准则 A_3，评价指标 A_{31} 和 A_{32} 表示社会支持程度，而评价指标 A_{33} 则为消费者接受程度。研究采用 10 分制评判评价指标 A_{32}，10 分代表最好，0 分代表最差。同时采用百分比表示评价指标 A_{33}，其数值为接受再制造产品的消费者占当地消费者总体的百分比。

表 3.2　再制造产业三维度评价指标体系

目标层	评价准则层		评价指标层		
	准则代码	准则名称	指标代码	指标名称	单位
再制造产业评价	A_1	产业经济规模及发展潜力	A_{11}	再制造企业资产总额	万元
			A_{12}	产业年销售收入总额	万元
			A_{13}	在建及拟建项目总投资额	万元
	A_2	产业技术能力与水平	A_{21}	研发(R&D)费用支出总额	万元
			A_{22}	中高级技术 R&D 人员数量	人
			A_{23}	再制造专利技术授权数目	项
	A_3	产业社会支持与认可程度	A_{31}	高校及科研院所参与数目	万元
			A_{32}	政府支持程度	1～10
			A_{33}	消费者接受再制造产品程度	%

3.3.3　基于改进灰色定权聚类的我国再制造产业评价建模

采用改进灰色定权聚类分析，开展我国再制造产业评价，建模的具体步骤如下。

(1)设定待评价对象、评价指标和灰类，构建评价对象的观测值矩阵 A。在评价模型中，评价对象为 n 个待评价城市，有 9 个评价指标。考虑到国内各城市之间不存在显著的再制造产业发展差距，将该产业划分为三个灰类：产业发展优良地区(第 1 灰类)、产业发展良好地区(第 2 灰类)和产业发展一般地区(第 3 灰类)。令 $x_{ij}(i=1,2,\cdots,n；j=1,2,\cdots,9)$ 表示第 i 个评价城市在评价指标 j 的观测值，因此可得到 n 个评价城市的观测值矩阵 A。

$$A = \begin{bmatrix} x_{11} & x_{12} & \cdots & x_{1j} & \cdots & x_{18} & x_{19} \\ x_{21} & x_{22} & \cdots & x_{2j} & \cdots & x_{28} & x_{29} \\ \vdots & \vdots & & \vdots & & \vdots & \vdots \\ x_{i1} & x_{i2} & \cdots & x_{ij} & \cdots & x_{i8} & x_{i9} \\ \vdots & \vdots & & \vdots & & \vdots & \vdots \\ x_{n-1,1} & x_{n-1,2} & \cdots & x_{n-1,j} & \cdots & x_{n-1,8} & x_{n-1,9} \\ x_{n1} & x_{n2} & \cdots & x_{nj} & \cdots & x_{n8} & x_{n9} \end{bmatrix}$$

(2)确定各评价指标的灰色白化权函数 $f_j^k(\bullet)$ $(j=1,2,\cdots,9;k=1,2,3)$。鉴于灰类

数目为 3，将各评价指标的取值范围划分为 3 个灰子类。通过与灰色理论专家探讨，采用 $f_j^1[-,-,\mu_j-\sigma_j,\mu_j]$、$f_j^2[\mu_j-\sigma_j,\mu_j,-,\mu_j+\sigma_j]$ 和 $f_j^3[\mu_j,\mu_j+\sigma_j,-,-]$ 分别表示评价指标 j 三个灰子类的灰色白化权函数 $f_j^k(\bullet)$，如图 3.2 所示。其中，

$$\mu_j=\sum_{i=1}^{n}x_{ij}/n \quad 和 \quad \sigma_j=\left[\sum_{i=1}^{n}(x_{ij}-\mu_j)^2/n\right]^{\frac{1}{2}} \quad 分别是评价指标 j 观测值 x_{ij} 的均值和标准$$

差。采用它们的组合值计算灰色白化权函数 $f_j^k(\bullet)$ 的转折点，能够有效反映评价指标 j 的数据特征。

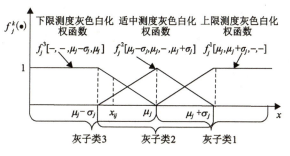

图 3.2 灰色白化权函数 $f_j^k(\bullet)$

观测值 x_{ij} 在灰子类 k 的灰色白化权函数值 $f_j^k(x_{ij})$ ($i=1,2,\cdots n;\ j=1,2,\cdots 9;\ k=1,2,3$) 计算如下

$$f_j^1(x_{ij})=\begin{cases}0, & x_{ij}\in[0,\mu_j) \\ (x_{ij}-\mu_j)/\sigma_j, & x_{ij}\in[\mu_j,\mu_j+\sigma_j)\ , \quad i=1,2,\cdots,n;\ j=1,2,\cdots,9 \\ 1, & x_{ij}\in[\mu_j+\sigma_j,+\infty)\end{cases}\quad(3.1)$$

$$f_j^2(x_{ij})=\begin{cases}0, & x_{ij}\notin[\mu_j-\sigma_j,\mu_j+\sigma_j) \\ [x_{ij}-(\mu_j-\sigma_j)]/\sigma_j, & x_{ij}\in[\mu_j-\sigma_j,\mu_j)\quad,\ i=1,2,\cdots,n;\ j=1,2,\cdots,9 \\ [(\mu_j+\sigma_j)-x_{ij}]/\sigma_j, & x_{ij}\in[\mu_j,\mu_j+\sigma_j]\end{cases}\quad(3.2)$$

$$f_j^3(x_{ij})=\begin{cases}0, & x_{ij}\notin[0,\mu_j) \\ 1, & x_{ij}\in[0,\mu_j-\sigma_j)\ , \quad i=1,2,\cdots,n;\ j=1,2,\cdots,9 \\ (\mu_j-x_{ij})/\sigma_j, & x_{ij}\in[\mu_j-\sigma_j,\mu_j)\end{cases}\quad(3.3)$$

(3) 基于 AHP 和熵权的组合方法测定各评价指标权重 w_j ($j=1,2,\cdots,9$)。研究采用 AHP 和熵权法的组合方法测定 w_j。其中，熵权法主要用于测定初始权重，它反映了评价专家的主观经验。鉴于初始权重为主观权重，研究采用熵权法测定客观权重并对初始权重进行修正。这样可以有效提升评价权重的客观性。该组合

方法测定评价指标权重的基本过程如下。

第一，利用 AHP 测算各评价指标的初始权重 α_j （$j=1,2,\cdots,9$）。采用 Saaty 提出的 AHP 测算评价指标初始权重 α_j，测算过程参见文献[75]，因此初始权重向量为 $W'=\{\alpha_1,\alpha_2,\cdots,\alpha_j,\cdots\alpha_9\}$。

第二，采用熵权法测定评价指标的熵权 q_j （$j=1,2,\cdots,9$）。根据得到的 n 个评价城市观测值矩阵 A，借助 Shannon 提出的熵权法测算评价指标 j 的熵权 q_j，测算过程参见文献[76]。因此，熵权向量可表示为 $Q=\{q_1,q_2,\cdots,q_j,\cdots,q_9\}$。

第三，确定各评价指标的最终权重 w_j （$j=1,2,\cdots,9$）。根据获得初始权重 α_j 和熵权 q_j，利用式(3.4)计算各评价指标的最终权重 w_j （$j=1,2,\cdots,9$），形成评价指标权重向量 $W=\{w_1,w_2,\cdots,w_j,\cdots,w_m\}$。

$$w_j = \alpha_j q_j \left/ \sum_{t=1}^{9} \alpha_t q_t \right. , \quad j=1,2,\cdots,9 \tag{3.4}$$

(4)计算评价城市的灰色定权聚类系数 σ_i^k （$i=1,2,\cdots,n;k=1,2,3$）。依据上述步骤获得的灰色白化权函数 $f_j^k(\bullet)$、评价指标权重 w_j 和评价对象观测值 x_{ij}，采用式(3.5)计算各评价城市的灰色定权聚类系数 σ_i^k （$i=1,2,\cdots,n;k=1,2,3$）。因此，灰色定权聚类系数矩阵 B 表示如下。

$$\sigma_i^k = \sum_{j=1}^{9} f_j^k(x_{ij}) \cdot w_j , \quad i=1,2,\cdots,n;k=1,2,3 \tag{3.5}$$

$$B = \begin{bmatrix} \sigma_1^1 & \sigma_1^2 & \sigma_1^3 \\ \sigma_2^1 & \sigma_2^2 & \sigma_2^3 \\ \vdots & \vdots & \vdots \\ \sigma_i^1 & \sigma_i^2 & \sigma_i^3 \\ \vdots & \vdots & \vdots \\ \sigma_{n-1}^1 & \sigma_{n-1}^2 & \sigma_{n-1}^3 \\ \sigma_n^1 & \sigma_n^2 & \sigma_n^3 \end{bmatrix}$$

(5)判断各评价城市的灰色定权聚类系数最大值 $\max_{1\leqslant k\leqslant 3}\{\sigma_i^k\}=\sigma_i^{k^*}$ （$i=1,2,\cdots,n$；$k=1,2,3$），确定各评价城市 i 所属的灰类。若灰色定权聚类系数 $\max_{1\leqslant k\leqslant 3}\{\sigma_i^k\}=\sigma_i^{k^*}$，则可判断评价城市 i 属于第 k^* 灰类。

3.3.4　我国再制造产业发展评价实例——以江苏为例

江苏正处于经济转型升级的攻坚期，资源消耗量大、环境压力大。因此，各级政府开始关注再制造产业发展。江苏省"十二五"发展规划明确将其作为十大战略新兴产业之一；2011 年省发改委下发的《关于推进江苏再制造产业发展的意见》大力支持该产业发展；2013 省经济和信息委员会发布的《江苏省"十二五"工业循环经济发展规划》将其作为七大重点工程之一。目前，江苏共有再制造企业 40 余家，主要分布在南京、苏州、无锡、常州、徐州、扬州、镇江、泰州、南通等九个地市，再制造产品主要集中于工程机械、机床、汽车零部件、办公设备、电子电器产品等七个产品领域。依照提出的评价指标体系，整理和汇总 2013 年省发改委开展的《江苏省再制造产业发展状况调查》中的企业上报数据，可得到如表 3.3 所示的九个城市再制造产业发展情况统计数据。

表 3.3　江苏九个城市再制造产业发展情况统计数据

评价指标编号	评价指标代码	评价指标名称	南京	苏州	无锡	常州	扬州	镇江	南通	徐州	泰州
1	A_{11}	再制造企业资产总额/万元	20 159.9	74 711	19 174.9	18 375.7	4 276	59 920.6	12 861.9	35 119	8 200
2	A_{12}	产业年销售收入总额/万元	34 321.1	30 471	12 373.1	37 507.2	5 197	10 008.8	6 211	41 520	1 500
3	A_{13}	在建及拟建项目投资总额/万元	77 831	193 669	56 700	5 300	15 000	31 423.8	26 250	100 380	11 000
4	A_{21}	研发(R&D)费用支出总额/万元	349.5	1 645.6	1 345.8	739.8	622	357	350	1 299.6	201
5	A_{22}	中高级技术 R&D 人员数量/人	203	66	38	95	8	9	43	73	2
6	A_{23}	再制造专利技术授权数/项	19	10	40	11	2	35	6	2	1
7	A_{31}	高校及科研院所参与数目/所	23	2	7	11	0	2	0	4	0
8	A_{32}	政府支持程度(标度 1～10)	8	9	7	5	5	4	4	6	4
9	A_{33}	消费者接受再制造产品程度/%	7.5	8.7	6.3	5.5	4.2	3.1	2.5	4.2	2.8

注：表中数据不考虑轮胎再制造

截至 2013 年，江苏再制造企业资产总额为 25.28 亿元，产业年销售收入为 17.91 亿元，在建及拟建投资总额达 57.75 亿元，企业职工总数约 3 万人。全省具有一定产值规模的再制造企业 10 余家，列入国家级再制造试点的企业多达 6 家，其中有亚洲最大的汽车发电机、起动机再制造企业——柏科（常熟）电机有限公司，年产量为 50 万台；建有全球最大的数码复印机再制造企业——南京田中机电再制造有限公司，该公司的 Ecostar 再制造高速数码复印机年销售量已突破 4 万台，国内市场占有率超过 50%。就全国而言，江苏在再制造产品门类、企业规模、发展速度等方面存在既有优势，产业发展水平居全国前列。

1. 江苏再制造产业发展评价

按照 3.3.3 小节的改进灰色定权聚类建模步骤，开展江苏再制造产业发展评价分析。

（1）设定待评价对象、评价指标和灰类，构建评价对象的观测值矩阵 A。江苏再制造产业的评价对象为 9 个评价城市，具有 9 个评价指标和 3 个灰类：产业发展优良地区（第 1 灰类）、产业发展良好地区（第 2 灰类）和产业发展一般地区（第 3 灰类），即 $i=1,2,\cdots,9;\ j=1,2,\cdots,9;\ k=1,2,3$。可将表 3.3 中 9 个评价城市的再制造产业统计数据转化为观测值矩阵 A。

$$A = \begin{bmatrix} x_{11} & x_{12} & \cdots & x_{1j} & \cdots & x_{18} & x_{19} \\ x_{21} & x_{22} & \cdots & x_{2j} & \cdots & x_{28} & x_{29} \\ \vdots & \vdots & & \vdots & & \vdots & \vdots \\ x_{i1} & x_{i2} & \cdots & x_{ij} & \cdots & x_{i8} & x_{i9} \\ \vdots & \vdots & & \vdots & & \vdots & \vdots \\ x_{n-1,1} & x_{n-1,2} & \cdots & x_{n-1,j} & \cdots & x_{n-1,8} & x_{n-1,9} \\ x_{n1} & x_{n2} & \cdots & x_{nj} & \cdots & x_{n8} & x_{n9} \end{bmatrix}$$

$$= \begin{bmatrix} 20159.9 & 34321.1 & 77831 & 349.5 & 203 & 19 & 23 & 8 & 0.075 \\ 74711 & 30471 & 193669 & 1645.6 & 66 & 10 & 2 & 9 & 0.087 \\ 19174.9 & 12373.1 & 56700 & 1345.8 & 38 & 40 & 7 & 7 & 0.063 \\ 18375.7 & 37507.2 & 5300 & 739.8 & 95 & 11 & 11 & 5 & 0.055 \\ 4276 & 5197 & 15000 & 622 & 8 & 2 & 0 & 5 & 0.042 \\ 59920.6 & 10008.8 & 31423.8 & 357 & 9 & 35 & 2 & 4 & 0.031 \\ 12861.9 & 6211 & 26250 & 350 & 43 & 6 & 0 & 4 & 0.025 \\ 35119 & 41520 & 100380 & 1299.6 & 73 & 2 & 4 & 6 & 0.042 \\ 8200 & 1500 & 11000 & 201 & 2 & 1 & 0 & 4 & 0.028 \end{bmatrix}$$

（2）确定各评价指标的灰色白化权函数 $f_j^k(\bullet)$（$j=1,2,\cdots,9;k=1,2,3$）。将评价指标 j 的取值范围划分为 3 个灰子类，计算该指标 9 个评价城市观测值

x_{ij} $(i=1,2,\cdots,9; j=1,2,\cdots,9)$ 的均值 μ_j 和标准差 σ_j，从而可以获得评价指标 j 的灰色白化权函数 $f_j^k(\bullet)$ $(j=1,2,\cdots,9; k=1,2,3)$ 的转折点，如表 3.4 所示。

表 3.4　灰色白化权函数 $f_j^k(\bullet)(j=1,2,\cdots,9; k=1,2,3)$ 的转折点

转折点	评价指标编号								
	$j=1$	$j=2$	$j=3$	$j=4$	$j=5$	$j=6$	$j=7$	$j=8$	$j=9$
$\mu_j-\sigma_j$	5 315.86	5 017.13	600.09	267.90	0.68	0.30	−1.68	4.03	0.03
μ_j	28 088.79	19 901.02	57 505.96	767.80	59.67	14.00	5.44	5.78	0.05
$\mu_j+\sigma_j$	50 861.71	34 784.91	114 411.83	1 267.69	118.66	27.70	12.56	7.53	0.07

利用表 3.4 的数据可以确定 9 个评价指标在 3 个灰子类的灰色白化权函数 $f_j^k(\bullet)$ $(j=1,2,\cdots,9; k=1,2,3)$，具体如下：

$f_1^1[28\,088.79, 50\,861.71, -, -]$，　$f_1^2[5315.86, 28\,088.79, -, 50\,861.71]$，　$f_1^3[-, -, 5315.86, 28\,088.79]$

$f_2^1[19\,901.02, 34\,784.91, -, -]$，　$f_2^2[5017.13, 19\,901.02, -, 34\,784.91]$，　$f_2^3[-, -, 5017.13, 19\,901.02]$

$f_3^1[57\,505.96, 114\,411.83, -, -]$，　$f_3^2[600.09, 57\,505.96, -, 114\,411.83]$，　$f_3^3[-, -, 600.09, 57\,505.96]$

$f_4^1[767.80, 1267.69-, -]$，　$f_4^2[267.90, 767.80, -, 1267.69]$，　$f_4^3[-, -, 267.90, 767.80]$

$f_5^1[59.67, 118.66, -, -]$，　$f_5^2[0.68, 59.67, -, 118.66]$，　$f_5^3[-, -, 0.68, 59.67]$

$f_6^1[14.0, 27.7, -, -]$，　$f_6^2[0.3, 14.0, -, 27.7]$，　$f_6^3[-, -, 0.3, 14.0]$

$f_7^1[5.44, 12.56, -, -]$，　$f_7^2[-1.68, 5.44, -, 12.56]$，　$f_7^3[-, -, -1.68, 5.44]$

$f_8^1[5.78, 7.53, -, -]$，　$f_8^2[4.03, 5.78, -, 7.53]$，　$f_8^3[-, -, 4.03, 5.78]$

$f_9^1[0.05, 0.07, -, -]$，　$f_9^2[0.03, 0.05, -, 0.07]$，　$f_9^3[-, -, 0.03, 0.05]$

利用式 (3.1)～式 (3.3)，计算各评价指标观测值 x_{ij} 在灰子类 k 的灰色白化权函数数值 $f_j^k(x_{ij})$ $(i=1,2,\cdots,9; j=1,2,\cdots,9; k=1,2,3)$。

(3) 基于 AHP 和熵权的组合方法测定各评价指标权重 w_j $(j=1,2,\cdots,9)$。

采用 AHP 和熵权相组合方法测定各评价指标权重 w_j，其过程主要包括以下三个步骤。

第一，利用 AHP 计算各评价指标的初始权重 α_j $(j=1,2,\cdots,9)$。邀请资深再制造产业专家运用 1-9 标度方法，对评价准则及其评价指标相对重要性进行打分，获得如表 3.5～表 3.8 所示的四个判断矩阵。

表 3.5 评价指标相对重要性的专家判断矩阵(一)

A	A_1	A_2	A_3
A_1	1	3	2
A_2	1/3	1	3/4
A_3	2/5	3/2	1

表 3.6 评价指标相对重要性的专家判断矩阵(二)

A_1	A_{11}	A_{12}	A_{13}
A_{11}	1	2/5	4/3
A_{12}	2	1	3
A_{13}	3/4	2/5	1

表 3.7 评价指标相对重要性的专家判断矩阵(三)

A_2	A_{21}	A_{22}	A_{23}
A_{21}	1	2	3
A_{22}	1/2	1	4/3
A_{23}	2/5	2/3	1

表 3.8 评价指标相对重要性的专家判断矩阵(四)

A_3	A_{31}	A_{32}	A_{33}
A_{31}	1	1/2	1/3
A_{32}	2	1	3/4
A_{33}	5/2	3/2	1

根据上述判断矩阵,采用 Saaty 提出的 AHP 方法计算评价指标 j 的初始权重 α_j $(j=1,2,\cdots,9)$,从而形成如下初始权重向量 W':

$$W' = \{\alpha_1, \alpha_2, \cdots, \alpha_j, \cdots, \alpha_9\}$$
$$= \{0.136, 0.304, 0.112, 0.104, 0.050, 0.038, 0.043, 0.090, 0.123\}$$

第二,采用熵权法计算评价指标 j 的客观熵权 q_j $(j=1,2,\cdots,9)$。根据已经获得的 9 个评价城市观测值矩阵 A,采用 Shannon 提出的熵权法测算评价指标 j 的熵权 q_j $(j=1,2,\cdots,9)$,从而构成评价指标的熵权向量 Q:

$$Q = \{q_1, q_2, \cdots, q_j, \cdots, q_9\}$$
$$= \{0.099, 0.101, 0.141, 0.068, 0.148, 0.151, 0.250, 0.014, 0.027\}$$

第三,确定各评价指标的最终权重 w_j $(j=1,2,\cdots,9)$。根据获得的初始权重 α_j $(j=1,2,\cdots,9)$ 和熵权 q_j $(j=1,2,\cdots,9)$,利用式(3.4)计算获得各评价指标的最终权重 w_j $(j=1,2,\cdots,9)$。因此,最终权重向量 W 可表示如下:

$$W = \{w_1, w_2, \cdots, w_j, \cdots, w_9\}$$
$$= \{0.140, 0.319, 0.165, 0.074, 0.077, 0.058, 0.113, 0.014, 0.035\}$$

(4)计算 9 个评价城市的灰色定权聚类系数 σ_i^k $(i=1,2,\cdots,9; k=1,2,3)$。依据获得的灰色白化权函数数值 $f_j^k(x_{ij})$、评价指标权重 w_j,利用式(3.5)计算评价城市 i 在第 k 灰类的灰色定权聚类系数 σ_i^k $(i=1,2,\cdots,9; k=1,2,3)$,进而构成灰色定权聚类系数矩阵 B。

$$B = \begin{bmatrix} \sigma_1^1 & \sigma_1^2 & \sigma_1^3 \\ \sigma_2^1 & \sigma_2^2 & \sigma_2^3 \\ \vdots & \vdots & \vdots \\ \sigma_i^1 & \sigma_i^2 & \sigma_i^3 \\ \vdots & \vdots & \vdots \\ \sigma_8^1 & \sigma_8^2 & \sigma_8^3 \\ \sigma_9^1 & \sigma_9^2 & \sigma_9^3 \end{bmatrix} = \begin{bmatrix} 0.628 & 0.256 & 0.111 \\ 0.662 & 0.261 & 0.072 \\ 0.189 & 0.559 & 0.247 \\ 0.463 & 0.299 & 0.234 \\ 0 & 0.171 & 0.824 \\ 0.198 & 0.282 & 0.515 \\ 0 & 0.265 & 0.730 \\ 0.580 & 0.328 & 0.087 \\ 0 & 0.079 & 0.916 \end{bmatrix} \begin{matrix} 南京 \\ 苏州 \\ 无锡 \\ 常州 \\ 扬州 \\ 镇江 \\ 南通 \\ 徐州 \\ 泰州 \end{matrix}$$

(5)利用各评价城市的灰色定权聚类系数最大值 $\max_{1 \leqslant k \leqslant 3}\{\sigma_i^k\} = \sigma_i^{k^*}$ ($i = 1, 2, \cdots, 9$；$k = 1, 2, 3$)，判定各评价城市所属的灰类。依据灰色定权聚类系数矩阵 B，利用 $\max_{1 \leqslant k \leqslant 3}\{\sigma_i^k\} = \sigma_i^{k^*}$ ($i = 1, 2, \cdots, 9; k = 1, 2, 3$)判断各评价城市 i 所属的灰类，得出如表 3.9 所示的江苏再制造产业灰色定权聚类结果。

表 3.9　江苏再制造产业灰色定权聚类结果

所属灰类 k^*	评价城市编号 i	评价城市名称	$\sigma_i^{k^*}$
1	1	南京	0.628
1	2	苏州	0.662
1	4	常州	0.463
1	8	徐州	0.580
2	3	无锡	0.559
3	5	扬州	0.824
3	6	镇江	0.515
3	7	南通	0.730
3	9	泰州	0.916

分析可知，南京、苏州、常州、徐州属于第 1 灰类地区，即产业发展优良地区；仅无锡属于第 2 灰类地区，即产业发展良好地区；扬州、镇江、南通和泰州属于第 3 灰类地区，即产业发展一般地区。

2. 江苏再制造产业发展分析

为了全面深入把握江苏再制造产业发展实际情况，从产业发展总体情况和细分情况两个角度进行分析。

1) 产业发展总体情况分析

江苏再制造产业发展总体情况具有以下两个主要特征。

一是全省再制造产业水平整体不高，且存在明显的地区差异。第 1 灰类地区代表着江苏再制造产业发展的最高水平，然而分析表 3.6 可知，即使是第 1 灰类地区中灰色定权聚类系数最高的苏州，其系数也仅为 0.662。由此可见，江苏再制造产业水平整体不高。此外，根据表 3.9 的计算结果可知，目前再制造产业发展水平优良与良好的城市(第 1 和第 2 灰类地区)主要集中在经济发达的苏南地区，如南京、苏州、无锡、常州；苏中仅有的三个城市扬州、南通和泰州均属于产业发展一般地区(第 3 灰类)，且灰色定权聚类系数大部分在 0.73 以上；而苏北除了徐州属于第 1 灰类地区之外，其他城市再制造产业尚未形成。以上情况表明，江苏再制造产业发展水平整体不高，且产业发展也很不均衡。

二是评价准则"产业经济规模及发展潜力" A_1 作用突出，对评价城市的灰类归属起到关键作用。针对第 k^* 灰类地区的各评价城市 i，分别测算评价准则 A_1、A_2 和 A_3 在第 k^* 个灰类的灰色定权聚类系数 $\sigma_i^{k^*}(A_1)$，$\sigma_i^{k^*}(A_2)$，$\sigma_i^{k^*}(A_3)$ $(i=1,2,\cdots,9;k^*=1,2,3)$，如表 3.10 所示。分析可知，在九个评价城市中，A_1 对于该城市灰类归属贡献度 $\sigma_i^{k^*}(A_1)\Big/\sum_{b=1}^{3}\sigma_i^{k^*}(A_b)$ 的最小值出现在镇江，其数值为 55.9%，而苏州和徐州甚至高达 80% 以上。由此可见，评价准则 A_1 对评价城市的灰类归属起到至关重要的作用。因此，产业发展过程中应特别关注评价准则 A_1 及其所属评价指标。

表 3.10　九个评价城市在各评价准则第 k^* 个灰类的灰色定权聚类系数 $\sigma_i^{k^*}(A_1)$，$\sigma_i^{k^*}(A_2)$ 和 $\sigma_i^{k^*}(A_3)$

评价准则灰色定权聚类系数	第 1 灰类地区 ($k^*=1$)				第 2 灰类地区 ($k^*=2$)	第 3 灰类地区 ($k^*=3$)			
	南京 (i=1)	苏州 (i=2)	常州 (i=4)	徐州 (i=8)	无锡 (i=3)	扬州 (i=5)	镇江 (i=6)	南通 (i=7)	泰州 (i=9)
$\sigma_i^{k^*}(A_1)$	0.531	0.368	0.319	0.487	0.405	0.578	0.288	0.478	0.576
$\sigma_i^{k^*}(A_2)$	0.083	0.099	0.047	0.091	0.049	0.141	0.127	0.117	0.205
$\sigma_i^{k^*}(A_3)$	0.048	0.161	0.097	0.002	0.105	0.105	0.100	0.135	0.135
$\sigma_i^{k^*}(A_1)\Big/\sum_{b=1}^{3}\sigma_i^{k^*}(A_b)$	80.2%	58.6%	69%	83.9%	72.5%	70.2%	55.9%	65.4%	62.9%

2) 产业发展细分情况分析

针对三个灰类地区的评价城市 i，测算各评价指标 A_{ef} 的第 k 个灰类的灰色定权聚类系数 $\sigma_i^{k}(A_{ef})$ $(i=1,2,\cdots,9;k=1,2,3;e=1,2,3;f=1,2,3)$ (表 3.11)，并据此分析江苏再制造产业的细分发展情况。

表 3.11　九个评价城市各评价指标在三个灰类的灰色定权聚类系数 $\sigma_i^k(A_d)$

评价指标编号 j	评价指标代号	灰色定权聚类系数 $\sigma_i^k(A_{d'})$	第 1 灰类地区 南京 (i=1)			苏州 (i=2)			常州 (i=4)			徐州 (i=8)			第 2 灰类地区 无锡 (i=3)			扬州 (i=5)			镇江 (i=6)			第 3 灰类地区 南通 (i=7)			泰州 (i=9)		
			k=1	k=2	k=3	k=1	k=2	k=3	k=1	k=2	k=3	k=1	k=2	k=3	k=1	k=2	k=3	k=1	k=2	k=3	k=1	k=2	k=3	k=1	k=2	k=3	k=1	k=2	k=3
1	A_{11}	$\sigma_1^k(A_{11})$	0	0.091	0.049	0.140	0	0	0	0.080	0.060	0	0.043	0.097	0	0.085	0.055	0	0	0.14	0.14	0	0	0	0.046	0.093	0	0.018	0.122
2	A_{12}	$\sigma_1^k(A_{12})$	0.309	0.010	0	0.227	0.093	0	0.319	0	0	0.319	0	0	0	0.158	0.162	0	0.004	0.315	0	0.107	0.212	0	0.026	0.294	0	0	0.319
3	A_{13}	$\sigma_1^k(A_{13})$	0.059	0.106	0	0.165	0	0	0	0.014	0.151	0.124	0.041	0	0	0.163	0.002	0	0.042	0.123	0.058	0.089	0.076	0	0.074	0.091	0	0.03	0.135
4	A_{21}	$\sigma_2^k(A_{21})$	0	0.012	0.062	0.074	0	0	0	0.070	0.004	0.074	0	0	0.074	0.000	0	0	0.053	0.022	0	0.013	0.061	0	0.012	0.062	0	0	0.074
5	A_{22}	$\sigma_2^k(A_{22})$	0.077	0	0	0.008	0.069	0	0.046	0.031	0	0.017	0.060	0	0	0.049	0.028	0	0.01	0.068	0	0.011	0.066	0	0.056	0.022	0	0.002	0.076
6	A_{23}	$\sigma_2^k(A_{23})$	0.021	0.037	0	0.008	0.041	0.017	0.046	0.046	0.013	0.017	0.007	0.051	0.058	0	0	0	0.007	0.051	0.058	0	0	0	0.024	0.034	0	0.003	0.055
7	A_{31}	$\sigma_3^k(A_{31})$	0.113	0	0	0	0.058	0.055	0.088	0.025	0	0	0.090	0.023	0.025	0.088	0	0	0.027	0.086	0	0.058	0.055	0	0.027	0.086	0	0.027	0.086
8	A_{32}	$\sigma_3^k(A_{32})$	0.014	0	0	0.014	0	0	0	0.008	0.006	0.002	0.012	0	0.010	0.004	0	0	0.008	0.006	0	0	0.014	0	0	0.014	0	0	0.014
9	A_{33}	$\sigma_3^k(A_{33})$	0.035	0	0	0.035	0	0	0	0.009	0.026	0	0.022	0.013	0.022	0.012	0	0	0.022	0.013	0	0.003	0.032	0	0	0.035	0	0	0.035

一是"产业经济规模与发展潜力"A_1不强，导致江苏再制造产业整体水平不高。对于评价指标"再制造企业资产总额"A_{11}，仅苏州和镇江属于第 1 灰类；而对于"在建及拟建项目总投资额"A_{13}，仅苏州和徐州属于第 1 灰类。上述情况表明江苏在评价准则"产业经济规模与发展潜力"A_1方面相对偏弱。A_1具有决定评价城市灰类归属的重要作用，是导致江苏再制造产业整体水平不高的主要原因。

二是"产业技术能力与水平"A_2偏弱，产业发展内在动力不足。产业技术实力与水平是支撑再制造产业发展的内在动力。分析评价准则A_2下三个评价指标A_{21}、A_{22}和A_{23}的灰色聚类系数，只有无锡在评价指标A_{21}和A_{23}上属于第 1 灰类地区，其他城市(包括在评价中表现最好的苏州和南京两市)均至少有两个评价指标属于第 2 或第 3 灰类地区。这说明"产业技术能力与水平"A_2仍旧偏弱，难以推动再制造产业快速发展。

三是"产业社会支持与认可程度"A_3相对偏低，产业发展缺乏外在动力。政府大力支持，消费者积极购买，高校、科研院所热心参与是再制造产业发展的外在动力。分析评价准则A_3下三个评价指标A_{31}、A_{32}和A_{33}的灰色聚类系数，仅南京在三个评价指标上属于第 1 灰类。显而易见，江苏在评价准则"产业社会支持与认可程度"A_3方面相对偏低。这个分析结果与现实情况完全一致。在现实生活中，消费者不愿意购买再制造产品，而科研机构没有兴趣参与再制造技术及装备研发，它们被认为是再制造产业发展的两个主要障碍。由于"产业社会支持与认可程度"A_3表现不佳，它严重影响了再制造产业的发展。

3. 江苏再制造产业发展对策及建议

(1)鼓励实施"差异化"发展道路，提升产业整体水平并缩小地区差距。针对再制造产业整体水平不高且苏南、苏中和苏北差距明显的问题，江苏再制造产业应实施"差异化"发展战略：对于产业发展优良的苏南地区，应继续增强在汽车零部件、工程机械、办公设备等再制造产品领域的优势，进一步提升产业实力与水平；对于产业发展良好和一般的苏中、苏北地区，则应注重走"差异化"发展道路，建议苏中所属的扬州、南通、泰州三市和苏北地区的盐城和连云港两市，应结合临江靠海的地理区位优势和既有船舶产业优势，大力发展船舶再制造产业。这样既可以提升江苏再制造产业整体发展水平和缩小地区产业差距，又能有效避免出现产业同质化现象，从而实现再制造产业的良性发展和合理布局。

(2)建立一套高效的再制造产业投融资体系，进一步扩张产业经济规模。鉴于"产业经济规模及发展潜力"A_1作用突出，而江苏在"再制造资产总额"A_{11}和"在建及拟建项目投资额"A_{13}两方面整体偏弱，同时众多再制造企业也总是抱怨金融机构不愿意为其提供投资，江苏应着手建立一套高效的再制造产业投融资体系，该体系鼓励各级政府、金融机构(包括银行、投资基金等)、大型国企和民企及民间资本等开展多渠道投资,从而推进产业经济规模有效扩张。

(3)建立"再制造企业—高校—科研院所"三位一体的产学研合作网络,全面提升产业技术能力与水平。目前,导致江苏"产业技术能力与水平"A_2偏低的内在原因是尚未建立有效的产学研合作网络。因此,江苏应构建以"再制造企业为中心,企业与高校、科研院所深度合作"的产学研合作网络。该合作网络应特别关注以下两个子系统建设。

一是建立再制造高新技术及装备研发体系,为产业发展提供技术支持。目前,缺乏核心再制造技术及装备是制约江苏乃至全国再制造产业发展的重要因素。因此,江苏应加大高新再制造技术及装备研发力度,组织再制造企业、知名高校和科研院所开展技术协同攻关,加强再制造拆解、再制造表面工程、再制造产品评估、产品寿命预测等技术及装备的研发,形成具有自主知识产权的高新再制造技术与装备,构筑产业发展技术支撑。

二是构筑创新型再制造人才培养体系,为产业发展提供强力智力支持。江苏应利用自身全国重要高教科研基地的优势,鼓励南京大学、东南大学、南京航空航天大学、南京理工大学等全国重点高校设立再制造相关硕士专业并开设相关硕士课程,建成高端再制造人才培养体系,为该产业发展提供强有力的人才保障。

(4)全方位加强再制造产业宣传,提升产业社会支持与认可程度。再制造产品市场需求不足是严重制约该产业发展的主要原因之一。因此,应强化再制造产业宣传,提高产业的社会支持程度。江苏应综合利用本书 3.2 节对策建议 3 中的多种宣传方式,全方位宣传再制造产业,全面提高社会各界对再制造产业的认可与接受程度。

第4章　我国再制造产业"植入式"培育机理与培育模式研究

再制造产业发展涉及不同参与主体，包括政府、再制造企业、金融机构、高等院校及科研院所等，各主体之间进行着资源要素(包括再制造人才、知识、再制造技术及资金等)的转移和交流，是一个复杂的网络系统。在再制造产业形成与发展过程中，往往需要一个(或多个)具有先进再制造技术能力和一定企业规模的再制造企业作为产业发展的核心，称为产业"种子"，由它们集聚发展所需的资源要素形成产业雏形，进而以其为中心进行产业扩散，实现产业发展壮大。

目前，国内再制造产业"种子"可以通过本地原始创生和从国外或国内其他区域植入而生成。因此，我国再制造产业"种子"分为创生型"种子"(依托本土企业生成)和植入型"种子"(引入外部企业生成)。当前国内再制造企业中外商独资企业和中外合资企业所占比重相对偏大(表2.1)，同时也存在许多国内创生的再制造企业在国内其他地方设立再制造企业的情况(亦可看作植入型再制造产业"种子")，如作为全球工程机械制造商50强和全球最大混凝土机械制造商的我国三一重工集团，自2011年起分别在浙江、安徽、湖北、河北、新疆、四川、安徽、天津等省份设立了再制造企业。然而，种种现象表明，上述再制造企业尚未充分与植入地区的上下游配套企业、金融机构、科研院所等本地资源有机融合，从而实现有效植入并培育壮大。譬如，1994年由英国李斯特集团与中国重汽联合投资成立的济南复强动力有限公司，是国内成立最早、规模最大的柴油汽车发动机制造企业之一，时至今日其年产量仍未达到最大设计生产能力；而2003年成立的小松(常州)机械更新制造有限公司，是国内首家外商独资工程机械再制造企业，虽历经十余年的发展，其年再制造总成件仅约为450件。造成上述问题的主要原因如下：一是尚未揭示再制造产业"植入式"培育的内在机理，无法为破解产业发展所面临的关键问题提供理论支撑。再制造产业培育有其自身内在规律，由于缺乏产业培育机理研究，无法获知企业植入所需要的内外部条件、实现途径与方式等重要培育内容，无法为外商独资和合资企业有效植入提供理论指导。二是尚未涉及再制造产业"植入式"培育模式设计及选择问题，难以为植入提供实践指导。外商独资与合资企业及国内再制造企业植入时，由于所涉及的再制造产品不同，且植入地区的产业发展环境千差万别，产业培育模式及其关注的重点环节也将有所不同。

本章首先围绕着植入型产业"种子",探讨再制造产业的"植入式"培育机理,分析产业"种子"的产生及其转移过程;然后,提出"复制式植入""吸聚式植入""嵌入式植入"等三种再制造产业培育模式;最后,针对不同再制造产品,提出再制造产业"植入式"培育模式选择的对策及建议。

4.1　再制造产业"植入式"培育机理分析

4.1.1　植入型产业"种子"的形成及转移

植入型产业"种子"的形成及转移如图 4.1 所示。在美国、德国、日本等再制造产业发达国家和国内再制造产业发展良好地区,拥有在资金实力、企业规模、再制造生产运营、再制造核心技术研发、废旧产品回收物流体系构建和高端再制造人才培养等方面具有明显优势的领军型再制造企业,它们构成了潜在的植入型产业"种子"。基于追逐高额利润和扩大市场范围的内在趋利性动力,这些潜在"种子"企业采用设立独资再制造企业、与植入地区企业建立合资企业等转移渠道,将产业发展所需的资金、再制造技术、再制造研发与生产运营人才等资源要素植入产业发展欠发达地区,从而形成植入型产业"种子"。

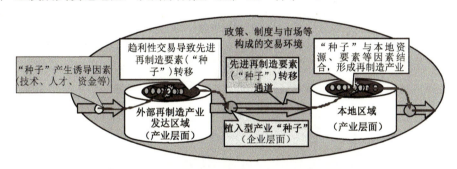

图 4.1　植入型再制造产业"种子"产生及其转移示意图

在当地再制造产业政策、管理制度与规范、市场状况等交易环境的影响控制下,植入型产业"种子"与当地既有人才要素、技术条件、资金状况、物流设施等关键要素有效融合,形成再制造产业雏形。譬如,世界再制造巨头美国卡特彼勒公司,依托强大的经济实力和世界领先的核心再制造技术,在中国、英国、法国等八个国家建立了 19 家再制造企业。其中,我国建有卡特彼勒再制造工业(上海)有限公司(独资企业)和玉柴再制造工业(苏州)有限公司(合资企业)两家国家级再制造试点企业,成为长江三角洲地区的工程机械和汽车再制造领域的植入型产业"种子",推动了当地再制造产业的形成与发展;而国内工程机械巨头三一重工在四川、湖北、安徽、河北、新疆等地兴建了数家再制造企业,成为当地再制造产业"种子"。

4.1.2 植入型产业"种子"培育分析

植入性产业"种子"与产业发展内外部环境之间相互影响、相互作用，形成如图 4.2 所示的产业"种子"培育系统。依据系统论观点，产业发展内外部环境对"种子"的影响通过输入产业政策法规、资金、再制造创新人才及核心技术和行业标准等资源要素实现。产业"种子"培育系统中，主要涉及政府、再制造企业、高校及科研院所、金融机构和行业协会等多个参与主体，各主体围绕产业"种子"开展资源要素转移和交流。其中，外部环境主要提供市场状况、地理环境等外部信息，直接影响着产业"种子"的市场范围开拓、再制造产品种类选择等战略决策；内部环境则为产业"种子"培育提供政策、技术、人才、资金等生产要素保障，其中各级政府（如国家发改委、工信部、科技部、财政部及其省属部门等）主要负责制定再制造产业发展规划及政策法规，指导金融机构、科研机构开展投融资和再制造技术与人才培育。同时，综合利用财税、金融、价格等激励政策与惩罚手段，宏观管控以"种子"企业为核心的再制造产业；以银行、投资基金、保险公司等为代表的金融机构，主要依据产业政策法规，在信贷、投资担保、产品保险等金融服务方面与产业"种子"开展合作，提供资金保障；行业协会则主要负责制定各类再制造技术标准和规范，如报废产品检验标准、旧件检测与评价技术标准、再制造工艺技术规范及再制造产品质量标准等关键技术标准；高校及科研院所等科研机构，一方面培养产业"种子"培育急需的各类专业技术与经营管理人才，另一方面研发再制造核心与共性技术及工艺，为其发展提供技术与人才保障。

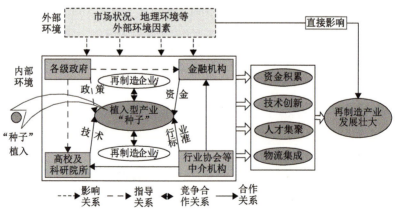

图 4.2 植入型产业"种子"培育与成长系统

在良好内外部发展环境的支持与影响下，将形成以植入型产业"种子"为核心的再制造产业集聚，产业发展所依赖的关键资源要素不断集聚发展，具体表现为：第一，再制造企业资金不断累积，产业扩张具备了财力保障；第二，再制造核心技术装备及关键再制造生产工艺不断突破，产业整体技术创新能力不断提升；第三，创新型再制造专业技术人才、高端生产运营管理人才持续集聚，有效缓解了废旧产品回收物流管理、再制造技术装备研发及生产运营管理等高端人才短缺局面；第四，再制造逆向物流体系及设施将不断完善，产业发展具备物质保障。依托上述发展条件，再制造产业培育将实现持续健康发展。

4.2　再制造产业"植入式"培育模式设计

根据植入型产业"种子"植入方式的不同，本书研究提出了"复制式植入""吸聚式植入""嵌入式植入"三种再制造产业"植入式"培育模式。

再制造产业的"植入式"培育模式主要指核心企业跨界植入时，利用技术、资源、人才等权力因素邀请或要求其原有网络成员同步跟进，从而在异地快速形成新的地方企业网络。在核心企业组建企业网络的初期，往往表现出明显的异地复制特征。实际上通过移植形成的再制造植入式企业网络是再制造产业与当地根植产业形成的一个互动网络。根植产业与再制造产业的互动网络是两类不同属性的产业共同参与的产业网络，一类是外来产业，另一类是内生产业，外来产业只有与内生产业相融合才能更好地利用产业吸收地的要素禀赋，达到进行区位迁移的目的；而内生产业在与外来产业的联系中获得学习与发展的机会。在这个产业网络中，以根植产业和再制造产业为核心的两个主体之间通过竞争或合作的关系实现各种资源的流动和交换，建立起相对稳定的关系，达到资源共享、合作创新，实现协同效应，推动区域产业结构持续优化、区域竞争力不断增强。

4.2.1　"复制式植入"再制造产业培育模式

1. "复制式植入"再制造产业培育模式及其关注重点

"复制式植入"再制造产业培育模式如图 4.3 所示。它主要是指再制造产业发达地区的植入型产业"种子"根据自身利益及战略发展需要，选择合适的产业欠发达地区进行复制式组团植入，即产业"种子"利用自身优势地位邀请或要求其原有企业网络成员同步跟进，从而在植入地区快速构建以其为核心的新的再制造企业网络。"复制式植入"再制造产业培育模式需要重点关注以下环节。

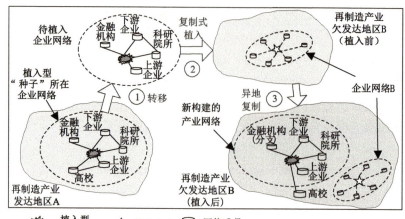

图 4.3 "复制式植入"再制造产业培育模式示意图

一是精心挑选适合于植入型产业"种子"的最佳植入地区。再制造产业属于高投入、高风险的战略性新兴产业，同时"复制式植入"是典型的组团式植入，植入地区选择不当将造成严重的投资风险。因此，"复制式植入"绝非单纯的"复制"，实施之前需要考量产业"种子"能否与植入地区既有产业结构和资源禀赋有机融合，特别是要重点分析植入地区再制造人才培养及技术研发能力能否支撑产业发展、再制造产品市场接受程度、政府是否重视再制造产业等一系列问题。

二是合理组配待植入企业网络的成员构成与规模。在产业"种子"转移环节，既要考虑保证移出地区再制造产业的持续发展(即确保原有企业网络成员在转移部分资金、再制造人才与设备等重要资源要素之后不影响其自身生存与发展)，又要满足植入地区新兴产业发展的迫切需求。因此，如何合理确定待植入企业网络的构成及规模变得十分关键。就目前而言，较为合理可行的方法是：根据植入地区资源禀赋实际状况进行互补式组配，权衡待植入企业网络的成员构成、各成员资源要素转移比例等关键事项，从而构建成员齐全、规模合理的待植入企业网络。

三是搭建互动协同的产业合作和资源共享平台。产业"种子"植入的双重目的是实现自身进一步发展扩大和推动植入地区再制造产业形成与发展。这需要植入的再制造企业网络与当地根植产业形成一个良性互动网络，建立资源交流共享、技术合作创新、人才互通有无的产业合作和资源共享平台，从而实现再制造产业培育与发展的目标。

2. "复制式植入"再制造产业培育模式的特征及优势

1) "复制式植入"产业培育模式的主要特征

该产业培育模式具有以下三个主要特征：一是植入具有较为明显的异地复制

特征。植入型产业"种子"及其网络成员基本按照企业原有组织形式、生产经营方式在植入地区异地重建。二是植入型产业"种子"处于企业生命周期的成熟期中后期，在原有企业网络中具有绝对领导地位。产业"种子"处于企业生命周期的顶峰阶段——成熟期，具有很强的经济技术实力和生产经营能力，在原有企业网络中具有绝对优势地位，具备统领网络成员植入产业欠发达地区的能力。三是产业"种子"选择植入的地区主要是再制造产业欠发达地区，甚至是完全没有产业基础的地区。鉴于植入地区不具备再制造产业基础，没有能与产业"种子"相配套的企业，需要采取将产业"种子"所在企业网络完全复制到植入地区的植入方式。

2)"复制式植入"产业培育模式的优势

实施该产业培育模式的最大优势在于：由于植入采用异地复制方式，新构建的再制造企业网络可以继承产业"种子"所在企业网络的网络关系和既有产业优势，同时拥有较为丰富的再制造产业发展管理经验，有助于实现植入地区再制造产业的快速形成与发展。

4.2.2　"吸聚式植入"再制造产业培育模式

1. "吸聚式植入"再制造产业培育模式分析

"吸聚式植入"再制造产业培育模式如图 4.4 所示。该模式主要是指植入型产业"种子"先期植入精选的再制造产业欠发达地区，吸引当地有志投身该产业且拥有一定再制造技术、人才、资金等资源的企事业单位组建新的再制造企业网络。待到新网络成长到一定规模时，可吸引移出地区具有观望心态的企业网络成员入驻该网络，从而实现再制造产业共同发展。除了"复制式植入"产业培育模式关注的首个环节，该产业培育模式仍需重点关注以下环节。

一是明确并强化新的再制造企业网络产生有效吸聚的主动力源泉。如何产生强有力的吸聚效应是该产业培育模式关注的焦点。解决该问题的核心工作是：明确以植入型产业"种子"为核心的新的企业网络产生吸聚效应的主动力源泉所在。通常情况下，产业"种子"所具备的优厚资本实力、独有的再制造专利技术及人才优势等内在因素，以及诱人的产业优惠政策、充裕的再制造产品市场需求等外在条件，均有可能成为吸聚产生的主要动力。明确并强化真实的动力源泉将有效增强吸引的力度和强度。

二是确定原移出地区的企业网络成员进驻植入地区的方式。在产业"种子"植入后，原移出地区企业网络成员应着重考虑采取何种方式进驻植入地区。目前可供选择的方式包括建立独资企业、与植入地区企业建立合资企业(采用投资或技术入股等形式)和建立办事处或代表处等多种方式。企业网络成员应该在综合评估自身实力与优势的基础上，结合植入地区产业政策、市场环境、企业发展情况等多方面因素，确定其入驻植入地区的具体方式。

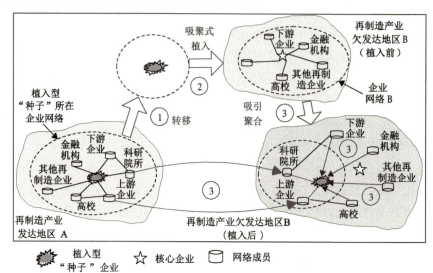

图 4.4　"吸聚式植入"再制造产业培育模式示意图

2. "吸聚式植入"产业培育模式的特征及优势

1) "吸聚式植入"产业培育模式的主要特征

该产业培育模式具有以下主要特征：一是植入型产业"种子"通常处于企业生命周期的成长期中后期，在原有企业网络中尚未建立有效领导地位。产业"种子"尚处于企业生命周期的成长期后期，具有一定的企业规模和扩张发展需求，但尚不具备原有企业网络的领导地位，无法像"复制式植入"那样率领相关网络成员一同入驻植入地区。二是产业"种子"选择的植入地区通常具有一定再制造产业基础。在产业"种子"植入的地区，往往拥有一部分愿意从事再制造业务的企业或者单位，如存在一些上下游配套企业，拥有愿意从事再制造企业投资的银行或投资基金，具有能够承担再制造人才培养和技术研发的高校等，这为产业"种子"的植入奠定了良好的产业基础。三是产业"种子"植入难度与产业发展风险相对降低。鉴于植入地区具有一定再制造产业基础，产业"种子"无需特别关注能否获得投融资、是否有配套企业和再制造技术及人才培育等问题，这在一定程度上降低了"种子"植入难度。

2) "吸聚式植入"产业培育模式的优势

实施"吸聚式植入"产业培育模式的最大优势在于：由于植入采用吸引聚合的方式，作为核心企业的植入型产业"种子"可以从移出地区和植入地区吸引优秀的合作企业或单位构建新的再制造企业网络，从而保证植入地区再制造产业实现优质健康发展。

4.2.3　"嵌入式植入"再制造产业培育模式

1. "嵌入式植入"再制造产业培育模式分析

"嵌入式植入"再制造产业培育模式介于"复制式"和"吸聚式"之间,如图 4.5 所示。该产业培育模式主要是指产业"种子"带领原有企业网络的骨干成员植入再制造产业欠发达地区,利用其拥有的再制造技术、资金或人才等优势要素,迅速打破并嵌入植入地区既有企业网络中,并替代原核心企业成为新的再制造企业网络核心。该产业培育模式同样需要关注"复制式植入"产业培育模式的首个重要环节,此外还需强化以下环节。

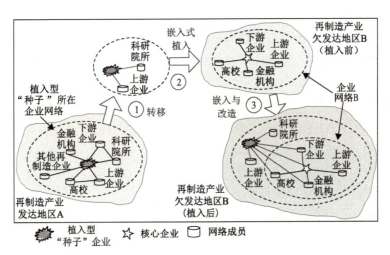

图 4.5　"嵌入式植入"再制造产业培育模式示意图

一是精心选培骨干成员,确保产业"种子"植入质量与效果。植入型产业"种子"挑选最佳搭配骨干成员是确保植入质量的关键所在。因此,产业"种子"应优先挑选在经营理念、企业经济实力和生产研发能力等方面完全匹配的企业作为骨干成员,对其予以悉心培育。

二是统筹优化植入地区的既有企业网络,实现产业"种子"有效植入与融合。产业"种子"及骨干成员嵌入既有企业网络而形成新的再制造企业网络之后,作为核心企业的产业"种子"应该统筹考虑企业自身发展需要及产业发展内外部环境,着手对该网络实施结构优化,引导既有企业网络成员调整自身发展战略、组织架构及生产方式,实现与产业"种子"的有机融合。譬如,既有企业网络中的下游企业,若其营销网点能力无法满足发展要求,则可以考虑适度增加投资而有效扩充网点数量及网点规模,以便满足需求。但如果出现当营销规模调整之后仍不能满足要求,可以考虑要求它退出新的再制造企业网络。

2. "嵌入式植入"再制造产业培育模式的特征及优势

1）"嵌入式植入"再制造产业培育模式的主要特征

该产业培育模式具有以下三项主要特征：一是植入具有较为典型的嵌入改造式发展特征。产业"种子"嵌入植入地区的既有企业网络之后，通常统筹考虑自身经营发展战略和植入地区产业发展实际状况对植入地区既有企业网络实施一定程度调整与优化，以满足发展需求。二是植入型产业"种子"通常处于企业生命周期的成熟期前期，在原有企业网络中具有较强的号召力与影响力。产业"种子"尚处于企业生命周期的成熟期前期，拥有较强的经济实力和较好的再制造技术基础，对骨干成员具有较强的号召与影响能力，能够带领它们一同植入。三是产业"种子"植入风险和后期产业经营风险偏小。相对于前两种产业培育模式，该模式的产业种子的企业规模较大且技术实力较为雄厚，同时植入地区既有的企业网络也相对成熟，因此，产业"种子"的植入风险及后期产业经营风险相对较低。

2）"嵌入式植入"产业培育模式的优势

实施该产业培育模式的最大优势是：由于植入采用嵌入式改造方式，既能有效利用植入地区既有企业网络的经济资源与技术基础，又能借助产业"种子"及其骨干成员的精准战略定位和丰富管理经验实现产业发展，确保产业"种子"植入难度和后期产业发展风险最小化。

4.3　我国再制造产业"植入式"培育模式选择

4.3.1　再制造产业"植入式"培育模式比较

为了实现再制造产业"植入式"培育模式的合理选择，研究从培育模式关键特征、培育关注重点、产业"种子"所处企业生命周期、植入地区再制造产业基础、植入难度与风险大小等方面入手，归纳和比较了三种不同"植入式"产业培育模式，如表 4.1 所示。

表 4.1　三种"植入式"再制造产业培育模式比较

比较项目	"复制式植入" 再制造产业培育模式	"吸聚式植入" 再制造产业培育模式	"嵌入式植入" 再制造产业培育模式
培育模式关键特征	异地复制式发展	吸引聚合式发展	嵌入改造式发展
培育关注重点	以产业"种子"为核心的待植入企业网络合理组配	产业"种子"吸聚主动力源的明确与强化	植入地区既有企业网络的统筹优化与调整

续表

比较项目	"复制式植入" 再制造产业培育模式	"吸聚式植入" 再制造产业培育模式	"嵌入式植入" 再制造产业培育模式
产业"种子"所处企业生命周期	成熟期的中后期	成长期的中后期	成熟期的前期
植入地区再制造产业基础	产业不发达，甚至没有产业基础	具有一定产业基础	具有较好产业基础
植入难度与风险大小	植入难度与风险偏大	植入难度与风险中等	植入难度与风险较小

4.3.2　再制造产业"植入式"培育模式选择

由于再制造产品领域不同，其发展状况也千差万别，因此再制造产业培育模式选择亦有所侧重，具体情况如下。

1. 船舶和铁路装备再制造产品，建议采用"复制式植入"产业培育模式

对于船舶和铁路装备再制造，目前国内已有大连船用阀门有限责任公司、洛阳 LYC 轴承有限公司、哈尔滨轨道交通装备有限责任公司、山西汾西重工有限责任公司、大连机车车辆有限公司等数家国家级再制造试点企业，再制造产品仅涉及船舶零配件和铁路机车零部件，产业基础相对薄弱，再制造技术水平偏低，尚未建立高效的船舶和铁路装备再制造企业网络。

鉴于上述产业发展特征，建议其采用"复制式植入"产业培育模式。结合"复制式植入"产业培育模式重点关注的三个环节，可以考虑从哈尔滨、大连、长春、唐山、太原、青岛、株洲、南京、常州等铁路装备制造基地选择 2~3 个重点城市，从国外引入以美国 GE、德国西门子、法国阿尔斯通、加拿大庞巴迪或日本川崎重工等为产业"种子"的铁路装备再制造企业网络；在大连、上海、广州等三大造船基地，导入以德国曼集团(低速柴油机)、芬兰瓦锡兰集团(中速柴油机)、德国罗罗动力系统公司(高速柴油机)或卡特彼勒船舶动力系统公司(中、高速柴油机)等为产业"种子"的船舶再制造企业网络，开展"复制式植入"。同时，考虑到两个再制造产品领域均关系到国计民生和国防安全，植入时需要提出一定附加条件：要求产业"种子"及其主要成员应与国内重要船舶企业[如中国船舶重工集团公司下属的大连船舶重工集团有限公司、大连船用阀门有限公司、中船重工柴油机动力有限公司以及中国船舶工业集团公司下属的广船国际股份有限公司、江南造船(集团)有限责任公司或沪东重机有限公司等]及国内重要铁路装备制造企业

(如中国中车股份有限公司所属的株洲电力机车有限公司、戚墅堰机车有限公司、青岛四方机车车辆股份有限公司、大连机车车辆有限公司、哈尔滨轨道交通装备公司、长春轨道客车有限公司等)建立合资企业,搭建产学研合作平台和再制造公共技术共享平台,提升船舶与铁路装备再制造产业生产能力与管理水平,实现两个产品领域再制造产业的崛起。

2. 办公设备和电子电器再制造产品,推荐采用"吸聚式植入"产业培育模式

我国办公设备和电子电器产品再制造始于 21 世纪初,目前山东、江苏、浙江、广东、四川等办公设备及家用电器制造大省均建立了再制造企业,具有一定产业发展基础。譬如,2002 年成立的南京田中机电再制造有限公司,是全球最大的数码复印机再制造企业,年销售量已突破 4 万台;在电子电器产品领域,2006 年海尔集团投资设立了青岛新天地生态循环科技有限公司,主要负责海尔家用电器的回收再利用。分析国内上述产品领域的再制造企业可知,民营再制造企业所占比重达到了 50%以上,年处理能力大于 200 万台的大厂仅占 23%。与此同时,绝大多数企业存在原材料(即废旧办公设备及家用电器)短缺问题,再制造生产线开工率严重不足,产业发展总体情况不容乐观。以 2005 年投资 3000 万美元的新加坡伟城环保工业(无锡)有限公司为例,原材料常年不足导致其设备利用率仅为生产能力的 40%左右。

面对办公设备和电子电器再制造的上述产业发展状况,推荐其采用"吸聚式植入"产业培育模式。该产业培育模式鼓励国外知名再制造企业及其骨干成员采用"独资企业"或"合资企业"两种主要形式有效植入,并以其"高效的废旧产品回收体系"和"雄厚的再制造生产管理及技术研发能力"作为吸聚产生的主要动力源,从而有效改善当前大多数再制造企业存在的原材料短缺问题,并提升再制造生产线利用率,实现再制造产业的加速发展。

3. 汽车零部件、工程机械和机床再制造产品,建议采用"嵌入式植入"产业培育模式

国内的工程机械、汽车零部件和机床再制造业务开展相对最早,国家级试点企业相对较多,再制造研发技术水平较高,具有较好的产业发展基础。在汽车零部件领域,自 1994 年开始,济南复强动力有限公司、上海大众等企业就开展了汽车发动机再制造;1998 年广州全球自动变速箱有限公司开展了变速箱再制造业务;2002 年柏科(常熟)电机有限公司开展了汽车起动机和发电机再制造,年再制造起动机和发电机 50 万台,是目前该领域亚洲最大的再制造企业。在工程机械领

域，2003 年小松（常州）机械更新制造公司最早涉足工程机械再制造，主要再制造挖掘机与推土机零部件；2005 年成立的卡特比勒再制造工业（上海）有限公司，主要生产液压泵、燃油泵和发动机零部件等再制造产品。近年来柳工集团、徐工集团、三一重工等国内知名工程机械集团也开始涉足再制造。而在机床再制造领域，依托华中科技大学雄厚技术支撑，早在 2004 年武汉华中自控技术发展有限公司就开展了重型、超重型机床的再制造业务。尽管上述三个产品领域再制造业务开展较早，但目前基本上仍停留在总成件和零部件再制造层面，并未开展整机再制造。因此，三个再制造产品领域的产业规模整体不大。

　　结合上述产业发展情况，建议三个再制造产品领域采用"嵌入式植入"产业培育模式。利用"全面强化与既有国际再制造巨擘的合作"和"全新引入再制造巨头"两种主要方式，实现"植入式"产业培育与发展。即强化国内再制造企业与美国卡特彼勒、康明斯、英国李斯特、德国大众、日本小松等国际知名再制造企业的既有合作，形成战略合作伙伴关系。与此同时，引入全新的再制造巨头。其中，汽车再制造领域可以考虑引进美国福特汽车公司，工程机械领域引入瑞典沃尔沃、日本建机株式会社或德国利勃海尔等再制造巨头，而机床领域则考虑引进德国吉特迈、日本山崎马扎克和发那科或意大利普瑞玛等全球著名机床制造商。通过以上两种方式，将引入的各产品领域再制造巨头作为产业"种子"，与其骨干企业一同有机嵌入国内的汽车再制造、工程机械、机床等产品的再制造企业网络。通过不断优化调整现有再制造企业网络的结构，力争实现整车（或整机）再制造，从而显著提升该产品领域的整体研发水平与再制造能力，推动产业经济规模实现突破式发展。

第5章　废旧机电产品回收模式选择研究

目前，废旧机电产品回收模式主要包含再制造商回收、经销商回收及第三方企业回收等三种模式，其中再制造商回收模式中，再制造商可以是原始设备制造商和独立再制造商。废旧产品回收模式选择涉及经济效益、社会效益、技术效能等定性和定量评价指标，指标之间存在相互影响、相互作用的网络结构关系，同时评价专家对评价指标相对重要性的评判通常具有一定的模糊性，现有产品回收模式选择研究无法解决上述问题。为此，本章主要采用模糊网络分析(fuzzy analytic network process，FANP)构建废旧机电产品回收模式选择模型，采用模糊综合评价克服专家评价的模糊性，借助网络分析法(analytic network process，ANP)分析评价指标的网络结构关系，为企业科学选择产品回收模式提供决策参考。

5.1　废旧机电产品回收模式选择评价指标体系设计

5.1.1　评价指标体系设计的重点与难点

1. 评价体系设计的重点

构建科学、合理的评价指标体系是废旧机电产品回收模式选择的重点，其需要着重考虑以下要求：一是充分反映各种类型参与主体的述求。废旧机电产品回收涉及消费者(废旧机电产品提供者)、回收企业(可以为再制造商、制造商及第三方回收企业)、政府机构(回收的支持者和引导者)等多种参与主体，评价指标体系需要体现其各自的回收述求。二是尽量囊括真实影响回收模式选择的重要评价指标。除了关注经济绩效评价指标外，评价指标体系设计更要包含消费者认可与参与程度、产品类型、企业经营战略类型及回收管控能力等直接影响回收模式选择的重要评价指标。三是体现评价指标之间相互依赖与反馈的内在网络结构关系。

2. 评价体系设计的难点

评价过程面临两项突出问题：一是评价指标之间呈现相互依赖与相互影响的网络结构关系，而非简单的递阶层次关系；二是专家评价的模糊不确定性。在评判两两评价指标相对重要性时，受主观判断和个人偏好的影响，评价专家的判断通常表现出很强的模糊不确定性，无法直接采用常见的离散标度表达(如 0～1 三标度、0.1～0.9 五标度和 0.1～0.9 九标度）。上述问题最终导致如何确定评价指标权重成为评价体系的难点。

5.1.2　评价指标体系设计及其特点

1. 评价指标体系构建

借鉴国内外相关研究的评价指标体系，并调研政府相关主管部门、再制造企业高管和消费者群体，凝练出如图 5.1 所示的废旧机电产品回收模式选择评价指标体系。

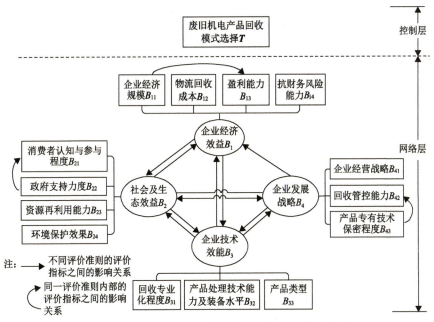

图 5.1　废旧机电产品回收模式选择的评价指标体系

该指标体系分为控制层和网络层两个层次，控制层主要包含评价目标，即回收模式选择评价结果；网络层主要为评价指标层，内含企业经济绩效 B_1、社会及生态效益 B_2、企业技术效能 B_3 和企业发展战略 B_4 等 4 个一级评价指标因素集，其中企业经济效益 B_1 包含企业经济规模 B_{11}、物流回收能力 B_{12}、盈利能力 B_{13} 和抗财务风险能力 B_{14}；社会及生态效益 B_2 包含消费者认知与参与程度 B_{21}、政府支持力度 B_{22}、资源再利用能力 B_{23} 和环境保护效果 B_{24}；企业技术效能 B_3 包含回收专业化程度 B_{31}、产品处理技术能力及装备水平 B_{32} 和产品类型 B_{33}；企业发展战略 B_4 则包含企业经营战略 B_{41}、回收管控能力 B_{42} 和产品专有技术保密程度 B_{43}。

2. 评价指标体系的特点

上述评价指标体系具有如下特点。

一是充分考虑了消费者对产品回收模式的影响。消费者认可与参与程度直接关系到废旧产品回收数量,进而对回收模式选择产生重要影响。譬如,消费者积极参与可显著增加产品回收数量,此时可考虑采用制造商回收模式。在"社会及生态效益 B_2"中设置了"消费者认知与参与程度 B_{21}"评价指标。

二是增设了"企业发展战略 B_4"评价指标因素集。企业自身发展战略直接影响着产品回收模式的选择,譬如,企业可采用技术领先、发展速度优先、安全经营等多种类型经营战略,其中技术领先战略侧重于将人、财、物等有限资源投入先进再制造技术研发,企业倾向于选择第三方企业回收模式,而采用安全经营战略的企业则倾向选用再制造商回收模式。同时,企业对"回收管控能力"和"产品专有技术保密程度"要求不同,其回收模式也不尽相同。回收管控能力和专有技术保密程度要求高,即希望尽量掌控产品回收过程,且严防产品技术泄露,则倾向于选择再制造商回收模式。

三是真实反映了评价指标之间的内在网络结构关系。在评价指标体系中,同一评价指标因素集内部和不同评价指标因素集之间具有相互依赖的网络结构关系。譬如,在同一因素集内部,"政府支持力度 B_{22}"加大,则"消费者认知与参与程度 B_{21}"将得到有效提升;"企业经济规模 B_{11}"的扩大,则"盈利能力 B_{13}"通常会有效增强。在不同评价指标因素集之间,"消费者认知与参与程度 B_{21}"偏低,导致产品回收数量偏少难以形成规模效应,则"企业经济绩效 B_1"中的"物流回收成本 B_{12}"势必增加;"企业技术效能 B_3"中的"产品处理技术能力及装备水平 B_{32}"提升,则"社会及生态效益 B_2"中的"资源再利用能力 B_{23}"相应增强;而"回收专业化程度 B_{31}"提升,则"企业经济绩效 B_1"中的"物流回收成本 B_{12}"将有效降低;而"企业发展战略 B_4"中"企业经营战略 B_{41}"采用技术领先经营战略,则"企业技术效能 B_3"中"产品处理技术能力及装备水平 B_{32}"将得到有效提升。该评价指标体系建立了指标之间的网络结构关系。

5.2　废旧机电产品回收的 FANP 模型构建

本章构建 FANP 模型解决废旧机电产品回收模式选择问题,建模过程如下。

步骤 1:选取研究对象集 O。采用 $O = \left\{ O^1, O^2, \cdots, O^m, \cdots, O^{M-1}, O^M \right\}$ 表示可供选择 M 种废旧机电产品回收模式,其中 O^m 表示第 m 种产品回收模式, $m = 1, 2, \cdots, M$。

步骤 2：设计评价指标体系，详见图 5.1。采用 $B = \{B_1, B_2, B_3, B_4\}$ 表示该评价指标体系，其中 $B_i = \{B_{i1}, B_{i2}, \cdots, B_{ip}, \cdots, B_{in_i}\}$ 代表第 i 个评价指标因素集，B_{ip} 表示评价指标因素集 B_i 中第 p 个评价指标，其中 $i = 1, 2, 3, 4$，$p = 1, 2, \cdots, n_i$，n_i 为评价指标因素集 B_i 中评价指标的个数。

步骤 3：构建专家评价评语集 V。专家评价评语集表示为 $V = \{V_1, V_2, \cdots, V_k, \cdots, V_{K-1}, V_K\}$，$V_k$ 表示第 k 种专家评语，其中 $k = 1, 2, \cdots, K$。为了便于统计不同产品回收模式的得分，研究采用百分制表示不同评语的得分，形成专家评语分值向量 $R = (r_1, r_2, \cdots, r_k, \cdots, r_{K-1}, r_K)$。

步骤 4：确定不同产品回收模式下评价指标因素集 B 相对于专家评语集 V 的模糊关系矩阵 S。针对 M 种不同废旧产品回收模式，根据专家组评判确定评价指标因素集 B 相对于专家评语集 V 的模糊关系矩阵 $S = (S^1, S^2, \cdots, S^m, \cdots, S^M)$。其中，$S^m = (SV_1^m, SV_2^m, SV_3^m, SV_4^m)^T$ 表示第 m 种废旧产品回收模式下的模糊关系矩阵，SV_i^m 表示第 m 种回收模式下评价指标因素集 B_i 相对于专家评语集 V 的模糊关系矩阵（其中，$i = 1, 2, 3, 4$），见式（5.1）。模糊关系矩阵 SV_i^m 中的元素 $s_{ip,k}^m$ 表示在第 m 种回收模式下评价指标 B_{ip} 隶属于专家评语 V_k 的程度，其中 $i = 1, 2, 3, 4$，$p = 1, 2, \cdots, n_i$，$k = 1, 2, \cdots, K$。

$$
SV_i^m = \begin{bmatrix}
s_{i1,1}^m & s_{i1,2}^m & \cdots & s_{i1,k}^m & \cdots & s_{i1,K-1}^m & s_{i1,K}^m \\
s_{i2,1}^m & s_{i2,2}^m & \cdots & s_{i2,k}^m & \cdots & s_{i2,K-2}^m & s_{i2,K}^m \\
\vdots & \vdots & & \vdots & & \vdots & \vdots \\
s_{ip,1}^m & s_{ip,2}^m & \cdots & s_{ip,k}^m & \cdots & s_{ip,K-1}^m & s_{ip,K}^m \\
\vdots & \vdots & & \vdots & & \vdots & \vdots \\
s_{i,n_i-1,1}^m & s_{i,n_i-1,2}^m & \cdots & s_{i,n_i-1,k}^m & \cdots & s_{i,n_i-1,K-1}^m & s_{i,n_i-1,K}^m \\
s_{in_i,1}^m & s_{in_i,2}^m & \cdots & s_{in_i,k}^m & \cdots & s_{in_i,K-1}^m & s_{in_i,K}^m
\end{bmatrix} \tag{5.1}
$$

步骤 5：采用 FANP 确定各二级评价指标的权重 W。FANP 是 ANP 在不确定和模糊性问题的延伸，其基本思路是：首先，构建二级评价指标的权重超矩阵 $\tilde{W}$。针对专家两两比较二级评价指标相对重要性时经常具有模糊不确定性的现实情况，采用三角模糊数较为真实地反映这种模糊不确定性，构造出各位评价专家的三角模糊数间接优势度判断矩阵，进而实现二级评价指标权重超矩阵 $\tilde{W}$ 的构建。其次，构造一级评价指标因素集的模糊权重超矩阵 A。模糊权重超矩阵 A 的构造采用与构建二级评价指标权重超矩阵 $\tilde{W}$ 相同的方法。再次，构建二级评价指标的模糊加权超矩阵 $\bar{W}$。综合上述两项权重超矩阵，确定二级评价指标的模糊加权超

矩阵 $\overline{W} = A \cdot \tilde{W}$。最后，确定各二级评价指标的权重向量 W。ANP 的"超矩阵分析"具备探究评价指标间相互依赖关系的独特优势，借助其分析模糊加权超矩阵 $\overline{W}$，计算各二级评价指标权重向量 W。

采用 FANP 确定各二级评价指标权重的具体过程如下。

(1) 构造二级评价指标的权重超矩阵 $\tilde{W}$：

$$\tilde{W} = \begin{bmatrix} w_{11} & w_{12} & w_{13} & w_{14} \\ w_{21} & w_{22} & w_{23} & w_{24} \\ w_{31} & w_{32} & w_{33} & w_{34} \\ w_{41} & w_{42} & w_{43} & w_{44} \end{bmatrix} \tag{5.2}$$

$\tilde{W}$ 中的子块 w_{ij}（$i, j = 1, 2, 3, 4$）表示评价指标因素集 B_i 相对于评价指标因素集 B_j 的影响程度权重矩阵，反映了评价指标之间相互反馈的网络结构关系。w_{ij} 的矩阵表达式如式 (5.3) 所示，列向量 $w^{(jq)} = (w_{i1}^{(jq)}, w_{i2}^{(jq)}, \cdots, w_{ip}^{(jq)}, \cdots, w_{in_i}^{(jq)})^{\mathrm{T}}$ 表示评价指标因素集 B_i 中各个评价指标 B_{ip} 相对于 B_j 中评价指标 B_{jq} 的影响程度排序向量（其中 $p = 1, 2, \cdots, n_i$，$q = 1, 2, 3, \cdots, n_j$），列向量 $w^{(jq)}$ 的生成方法如下：

$$w_{ij} = \begin{bmatrix} w^{(j1)}, w^{(j2)}, \cdots, w^{(jq)}, \cdots, w^{(jn_j)} \end{bmatrix} \begin{bmatrix} w_{i1}^{(j1)} & w_{i1}^{(j2)} & \cdots & w_{i1}^{(jq)} & \cdots & w_{i1}^{(jn_j)} \\ w_{i1}^{(j1)} & w_{i1}^{(j2)} & \cdots & w_{i2}^{(jq)} & \cdots & w_{i2}^{(jn_j)} \\ \vdots & \vdots & \cdots & \vdots & \cdots & \vdots \\ w_{ip}^{(j1)} & w_{ip}^{(j2)} & \cdots & w_{ip}^{(jq)} & \cdots & w_{ip}^{(jn_j)} \\ \vdots & \vdots & \cdots & \vdots & \cdots & \vdots \\ w_{in_i}^{(j1)} & w_{in_i}^{(j2)} & \cdots & w_{in_i}^{(jq)} & \cdots & w_{in_i}^{(jn_j)} \end{bmatrix} \tag{5.3}$$

首先，采用三角模糊数表示专家的间接优势度，构造专家评价的三角模糊数判断矩阵 Z^h。以评价指标 B_{jq} 为评价准则，评价专家将评价指标因素集 B_i 中的各评价指标 B_{ip} 按照对 B_{jq} 的影响力大小进行间接优势度比较，获得专家评价的三角模糊数判断矩阵。考虑到专家评价的不确定性，采用三角模糊数表示 B_i 中两两评价指标的间接优势度。假设有 H 个专家参与间接优势度评价，从而形成 H 个如表 5.1 所示的三角模糊数间接优势度判断矩阵 Z^h。该判断矩阵采用 $Z^h = (z_{ef}^h)_{n_i \times n_i}$ 表示，其中 $h = 1, 2, \cdots, H$，$e, f = 1, 2, \cdots, n_i$，$z_{ef}^h = (l_{ef}^h, m_{ef}^h, u_{ef}^h)$ 是一个三角模糊数，表示专家评价的间接优势度，l_{ef}^h、m_{ef}^h 和 u_{ef}^h 分别表示第 h 个评价专家给出评价因素集 B_i 中评价指标 B_{ie} 相对于 B_{if} 的间接优势度的最悲观值、最可能值和最乐观值。

表 5.1　以 B_{jq} 为评价准则的间接优势度判断矩阵 Z^h

B_{jq}	B_{i1}	B_{i2}	$\cdots$	B_{if}	$\cdots$	B_{in_i}
B_{i1}	Z_{11}^h	Z_{12}^h	$\cdots$	$Z_{1,f}^h$	$\cdots$	$Z_{1n_i}^h$
B_{i2}	Z_{21}^h	Z_{22}^h	$\cdots$	$Z_{2,f}^h$	$\cdots$	$Z_{2n_i}^h$
$\vdots$	$\vdots$	$\vdots$		$\vdots$		$\vdots$
B_{ie}	Z_{e1}^h	Z_{e2}^h	$\cdots$	Z_{ef}^h	$\cdots$	$Z_{en_i}^h$
$\vdots$	$\vdots$	$\vdots$		$\vdots$		$\vdots$
B_{in_i}	$Z_{n_i1}^h$	$Z_{n_i2}^h$	$\cdots$	$Z_{n_i,f}^h$	$\cdots$	$Z_{n_in_i}^h$

然后，集结三角模糊数判断矩阵 Z^h 形成单个判断矩阵 Z，计算各二级评价指标的模糊综合评价值 a_e。采用文献[77]的研究方法，集结 H 个三角模糊数判断矩阵的偏好信息，构成单个三角模糊数判断矩阵 $Z=(z_{ef})_{n_i\times n_i}$，并计算各评价指标的模糊综合评价值 a_e。Z_{ef} 和 a_e 的计算公式分别为

$$Z_{ef}=(l_{ef},m_{ef},u_{ef})=(1/h)\leftarrow(z_{ef}^1\cdot z_{ef}^2\cdot\cdots\cdot z_{ef}^h\cdot\cdots\cdot z_{ef}^H)$$
$$=\left(\left(\sum_{h=1}^{H}l_{ef}^h\right)/h,\left(\sum_{h=1}^{H}m_{ef}^h\right)/h,\left(\sum_{h=1}^{H}u_{ef}^h\right)/h\right) \tag{5.4}$$

$$a_e=(l_e,m_e,u_e)=\left(\sum_{f=1}^{n_i}l_{ef},\sum_{f=1}^{n_i}m_{ef},\sum_{f=1}^{n_i}u_{ef}\right)\leftarrow\left[\sum_{e=1}^{n_i}\sum_{f=1}^{n_i}l_{ef},\sum_{e=1}^{n_i}\sum_{f=1}^{n_i}m_{ef},\sum_{e=1}^{n_i}\sum_{f=1}^{n_i}u_{ef}\right]^{-1},\ e=1,2,\cdots,n_i \tag{5.5}$$

其中，符号 $\cdot$ 和 $\leftarrow$ 分别表示三角模糊数加法与乘法，$e,f=1,2,\cdots,n_i$。

最后，计算各二级评级指标模糊评价值 a_e 的期望值 $E(a_e)$，并对其归一化处理获得其影响程度排序向量 $w^{(jq)}$。采用文献[78]和文献[79]的分析方法，计算各评价指标模糊评价值 a_e 的期望值 $E(a_e)$，并对其进行归一化处理获得影响程度排序向量 $w^{(jq)}$。$E(a_e)$ 和 w^{jq} 的计算公式分别为

$$E(a_e)=\eta(l_e+m_e)/2+(1-\eta)(m_e+u_e)/2 \tag{5.6}$$

其中，$e=1,2,\cdots,n_i$，η 为乐观-悲观系数，$0\leqslant\eta\leqslant1$，$\eta=0.5$ 表明专家评价为中性，$\eta>0.5$ 表明专家评价为悲观，$\eta<0.5$ 表明评价专家为乐观的，η 根据实际情况选取。

$$w^{(jq)}=\left(w_{i1}^{(jq)},w_{i2}^{(jq)},w_{i3}^{(jq)},\cdots,w_{in_i}^{(jq)}\right)^{\mathrm{T}} \tag{5.7}$$

$$w_{ie}^{(jq)}=E(a_e)\bigg/\sum_{e=1}^{n_i}E(a_e),\ e=1,2,\cdots,n_i \tag{5.8}$$

(2)构造一级评价指标因素集的模糊权重矩阵 A。鉴于二级评价指标权重超矩阵 $\tilde{W}$ 的子块 w_{ij} $(i, j = 1, 2, 3, 4)$ 是列归一化的,但 $\tilde{W}$ 却不是归一化的,为此需要对一级评价指标因素集的相对重要性进行两两比较,从而获得评价指标因素集的模糊权重矩阵 A。A 的确定方法与上述二级评价指标权重矩阵确定方法相同。

$$A = \begin{bmatrix} a_{11} & a_{12} & a_{13} & a_{14} \\ a_{21} & a_{22} & a_{23} & a_{24} \\ a_{31} & a_{32} & a_{33} & a_{34} \\ a_{41} & a_{42} & a_{43} & a_{44} \end{bmatrix} \tag{5.9}$$

其中,元素 a_{ij} 为评价指标因素集 B_i 相对于 B_j 的相对权重,$i, j = 1, 2, 3, 4$。

(3)构造模糊加权超矩阵 $\overline{W}$,计算极限稳定向量作为各二级评价指标权重 W。

$$\overline{W} = A \cdot \tilde{W} = \begin{bmatrix} a_{11}w_{11} & a_{12}w_{12} & a_{13}w_{13} & a_{14}w_{14} \\ a_{21}w_{21} & a_{22}w_{22} & a_{23}w_{23} & a_{24}w_{24} \\ a_{31}w_{31} & a_{32}w_{32} & a_{33}w_{33} & a_{34}w_{34} \\ a_{41}w_{41} & a_{42}w_{42} & a_{43}w_{43} & a_{44}w_{44} \end{bmatrix} \tag{5.10}$$

对 $\overline{W}$ 作稳定化处理,计算其极限稳定向量 W,即为各二级评价指标权重向量。

$$W = \lim_{k \to \infty}(\overline{W})^k = (W_{11}, W_{12}, \cdots, W_{1n_1}, W_{21}, W_{12}, \cdots, W_{2n_2}, W_{31}, W_{32}, \cdots, W_{3n_3}, W_{41}, W_{42}, \cdots, W_{4n_4})$$

极限稳定向量 W 中的元素 W_{ip} 为二级评价指标 B_{ip} 的权重,其中 $i = 1, 2, 3, 4$,$p = 1, 2, \cdots, n_i$,n_i 为评价指标因素集 B_i 中评价指标的个数。

步骤 6:采用模糊综合评价模型 $M(\bullet, +)$,计算 M 种废旧机电产品回收模式的最终评价得分。结合前面获得的各评价指标权重 W、模糊关系矩阵 S 及专家评语分值向量 R,采用模糊综合评价方法计算不同回收模式的最终评价得分 $T = (T^1, T^2, \cdots, T^m, \cdots, T^{M-1}, T^M)$。其中,$T^m$ 为第 m 种回收模式的最终得分,计算公式为

$$T^m = W \cdot S^m \cdot R^{\mathrm{T}} \tag{5.11}$$

步骤 7:选取 T 中得分最高的产品回收模式为最佳废旧机电产品回收模式。

5.3　废旧机电产品回收模式选择案例——以汽车发动机为例

5.3.1　废旧汽车发动机回收模式选择

我国废旧汽车发动机回收再制造已有 20 多年历史,上海大众、中国重汽集团、玉柴集团、潍柴集团及东风康明斯等我国重要汽车制造企业都开展了此项业务。本节以国内废旧汽车发动机回收模式选择为例进行分析,具体过程如下。

步骤 1:选取研究对象集 O。目前,废旧汽车发动机主要采用再制造商回收、经销商回收、第三方企业回收三种模式,即回收模式种类 $M=3$,因此选取研究对象集 $O=\{O^1,O^2,O^3\}$ 。

步骤 2:设计如图 5.1 所示废旧机电产品回收模式选择评价指标体系。该评价指标体系表示为 $B=\{B_1,B_2,B_3,B_4\}$,评价指标因素集 B_1 、B_2 、B_3 和 B_4 的评价指标个数分别为 $n_1=4$,$n_2=4$,$n_3=3$,$n_4=3$,如表 5.2 所示。

步骤 3:构建专家评价评语集 V 。考虑到专家偏爱五种差别评语(即 $K=5$),因此设置专家评语集为 $V=\{V_1,V_2,V_3,V_4,V_5\}=\{很好,好,一般,差,较差\}$,专家评语分值向量为 $R=(100,80,60,40,20)$ 。

步骤 4:确定三种回收模式下评价指标因素集 B 相对于专家评语集 V 的模糊关系矩阵 S 。为了确保模型评价的科学合理性,精心选取再制造企业高管、行业专家、高校熟悉废旧汽车发动机回收的学者等 30 人,以调研形式邀其对三种回收模式的二级评价指标进行单因素评价。通过整理调研数据,获得如表 5.2~表 5.4 所示的二级评价指标专家评价调查结果统计表,进而确定不同回收模式下 B 相对于 V 的模糊关系矩阵 $S=(S^1,S^2,S^3)$ 。

表 5.2　再制造回收模式 O^1 下二级评价指标专家评价调查结果统计表

	评价指标	很好	好	一般	差	较差
企业经济效益 B_1	企业经济规模 B_{11}	2	6	16	5	1
	物流回收能力 B_{12}	0	1	5	11	13
	盈利能力 B_{13}	1	1	9	12	7
	抗财务风险能力 B_{14}	1	2	4	8	15
社会及生态效益 B_2	消费者认知与参与程度 B_{21}	0	6	5	15	4
	政府支持力度 B_{22}	3	10	8	8	1
	资源再利用能力 B_{23}	10	9	7	3	1
	环境保护效果 B_{24}	6	13	7	2	2

续表

	评价指标	很好	好	一般	差	较差
企业技术效能 B_3	回收专业化程度 B_{31}	0	3	4	13	10
	产品处理技术能力及装备水平 B_{32}	2	10	10	4	4
	产品类型 B_{33}	1	2	5	10	12
企业发展战略 B_4	企业经营战略 B_{41}	3	9	12	4	2
	回收管控能力 B_{42}	10	12	4	3	1
	产品专有技术保密程度 B_{43}	10	12	5	2	1

表 5.3　经销商回收模式 O^2 下二级评价指标专家评价调查结果统计表

	评价指标	很好	好	一般	差	较差
企业经济效益 B_1	企业经济规模 B_{11}	7	10	8	4	1
	物流回收能力 B_{12}	3	10	8	6	3
	盈利能力 B_{13}	4	11	7	5	3
	抗财务风险能力 B_{14}	3	12	9	4	2
社会及生态效益 B_2	消费者认知与参与程度 B_{21}	2	5	13	8	2
	政府支持力度 B_{22}	4	14	7	4	1
	资源再利用能力 B_{23}	6	13	6	3	2
	环境保护效果 B_{24}	5	11	9	4	1
企业技术效能 B_3	回收专业化程度 B_{31}	6	9	10	4	1
	产品处理技术能力及装备水平 B_{32}	4	12	10	2	2
	产品类型 B_{33}	1	3	7	11	8
企业发展战略 B_4	企业经营战略 B_{41}	3	7	15	3	2
	回收管控能力 B_{42}	8	10	9	2	1
	产品专有技术保密程度 B_{43}	7	12	7	3	1

表 5.4　第三方企业回收模式 O^3 下二级评价指标专家评价调查结果统计表

	评价指标	很好	好	一般	差	较差
企业经济效益 B_1	企业经济规模 B_{11}	1	5	8	10	6
	物流回收能力 B_{12}	10	11	5	3	1
	盈利能力 B_{13}	8	10	9	2	1
	抗财务风险能力 B_{14}	15	9	5	1	0

续表

	评价指标	很好	好	一般	差	较差
社会及生态效益 B_2	消费者认知与参与程度 B_{21}	10	12	6	1	1
	政府支持力度 B_{22}	6	13	7	2	2
	资源再利用能力 B_{23}	2	6	8	10	4
	环境保护效果 B_{24}	1	6	10	7	6
企业技术效能 B_3	回收专业化程度 B_{31}	2	6	6	11	5
	产品处理技术能力及装备水平 B_{32}	7	14	5	2	2
	产品类型 B_{33}	13	10	6	1	0
企业发展战略 B_4	企业经营战略 B_{41}	2	6	14	6	2
	回收管控能力 B_{42}	7	10	9	3	1
	产品专有技术保密程度 B_{43}	3	8	10	5	4

　　根据表 5.2 的统计结果，可以建立再制造回收模式 O^1 下 B 相对于 V 的模糊关系矩阵 $S^1 = (\mathrm{SV}_1^1, \mathrm{SV}_2^1, \mathrm{SV}_3^1, \mathrm{SV}_4^1)^{\mathrm{T}}$。由于专家评语种类 $K = 5$，且评价指标因素集 B_1、B_2、B_3 和 B_4 的评价指标个数分别为 $n_1 = 4$，$n_2 = 4$，$n_3 = 3$，$n_4 = 3$，利用式 (5.1)，计算获得模糊关系矩阵 S^1 的表达式为

$$
S^1 = \begin{pmatrix} \mathrm{SV}_1^1 \\ \mathrm{SV}_2^1 \\ \mathrm{SV}_3^1 \\ \mathrm{SV}_4^1 \end{pmatrix} = \begin{bmatrix}
s^1_{11,1} & s^1_{11,2} & s^1_{11,3} & s^1_{11,4} & s^1_{11,5} \\
s^1_{12,1} & s^1_{12,2} & s^1_{12,3} & s^1_{12,4} & s^1_{12,5} \\
s^1_{13,1} & s^1_{13,2} & s^1_{13,3} & s^1_{13,4} & s^1_{13,5} \\
s^1_{14,1} & s^1_{14,2} & s^1_{14,3} & s^1_{14,4} & s^1_{14,5} \\
s^1_{21,1} & s^1_{21,2} & s^1_{21,3} & s^1_{21,4} & s^1_{21,5} \\
s^1_{22,1} & s^1_{22,2} & s^1_{22,3} & s^1_{22,4} & s^1_{22,5} \\
s^1_{23,1} & s^1_{23,2} & s^1_{23,3} & s^1_{23,4} & s^1_{23,5} \\
s^1_{24,1} & s^1_{24,2} & s^1_{24,3} & s^1_{24,4} & s^1_{24,5} \\
s^1_{31,1} & s^1_{31,2} & s^1_{31,3} & s^1_{31,4} & s^1_{31,5} \\
s^1_{32,1} & s^1_{32,2} & s^1_{32,3} & s^1_{32,4} & s^1_{32,5} \\
s^1_{33,1} & s^1_{33,2} & s^1_{33,3} & s^1_{33,4} & s^1_{33,5} \\
s^1_{41,1} & s^1_{41,2} & s^1_{41,3} & s^1_{41,4} & s^1_{41,5} \\
s^1_{42,1} & s^1_{42,2} & s^1_{42,3} & s^1_{42,4} & s^1_{42,5} \\
s^1_{43,1} & s^1_{43,2} & s^1_{43,3} & s^1_{43,4} & s^1_{43,5}
\end{bmatrix} = \begin{bmatrix}
0.067 & 0.2 & 0.533 & 0.167 & 0.033 \\
0 & 0.033 & 0.167 & 0.367 & 0.433 \\
0.033 & 0.033 & 0.3 & 0.4 & 0.234 \\
0.033 & 0.067 & 0.133 & 0.267 & 0.5 \\
0 & 0.2 & 0.167 & 0.5 & 0.133 \\
0.1 & 0.333 & 0.267 & 0.267 & 0.033 \\
0.333 & 0.3 & 0.233 & 0.1 & 0.033 \\
0.2 & 0.433 & 0.233 & 0.067 & 0.067 \\
0 & 0.1 & 0.133 & 0.434 & 0.333 \\
0.067 & 0.333 & 0.333 & 0.133 & 0.133 \\
0.033 & 0.067 & 0.167 & 0.333 & 0.4 \\
0.1 & 0.3 & 0.4 & 0.133 & 0.067 \\
0.333 & 0.4 & 0.133 & 0.1 & 0.033 \\
0.333 & 0.4 & 0.167 & 0.067 & 0.033
\end{bmatrix}
$$

根据表 5.3 和表 5.4 的统计结果，重复上述步骤，可获得经销商回收、第三方企业回收两种模式下的模糊关系矩阵 S^2 和 S^3。

$$S^2 = \begin{pmatrix} SV_1^2 \\ SV_2^2 \\ SV_3^2 \\ SV_4^2 \end{pmatrix} = \begin{bmatrix} 0.233 & 0.333 & 0.267 & 0.133 & 0.033 \\ 0.1 & 0.333 & 0.267 & 0.2 & 0.1 \\ 0.133 & 0.367 & 0.233 & 0.167 & 0.1 \\ 0.1 & 0.4 & 0.3 & 0.133 & 0.067 \\ 0.067 & 0.167 & 0.433 & 0.267 & 0.067 \\ 0.133 & 0.467 & 0.233 & 0.133 & 0.033 \\ 0.2 & 0.433 & 0.3 & 0.1 & 0.067 \\ 0.167 & 0.367 & 0.333 & 0.133 & 0.033 \\ 0.2 & 0.3 & 0.333 & 0.133 & 0.333 \\ 0.133 & 0.4 & 0.333 & 0.067 & 0.067 \\ 0.033 & 0.1 & 0.233 & 0.367 & 0.267 \\ 0.1 & 0.233 & 0.5 & 0.1 & 0.067 \\ 0.267 & 0.333 & 0.3 & 0.067 & 0.033 \\ 0.233 & 0.4 & 0.233 & 0.1 & 0.033 \end{bmatrix}$$

$$S^3 = \begin{pmatrix} SV_1^3 \\ SV_2^3 \\ SV_3^3 \\ SV_4^3 \end{pmatrix} = \begin{bmatrix} 0.033 & 0.167 & 0.267 & 0.333 & 0.2 \\ 0.333 & 0.367 & 0.167 & 0.1 & 0.033 \\ 0.267 & 0.333 & 0.3 & 0.067 & 0.333 \\ 0.5 & 0.3 & 0.167 & 0.033 & 0 \\ 0.333 & 0.4 & 0.2 & 0.033 & 0.033 \\ 0.2 & 0.433 & 0.233 & 0.067 & 0.067 \\ 0.067 & 0.2 & 0.267 & 0.333 & 0.133 \\ 0.033 & 0.2 & 0.033 & 0.233 & 0.2 \\ 0.067 & 0.2 & 0.2 & 0.267 & 0.167 \\ 0.233 & 0.467 & 0.167 & 0.067 & 0.067 \\ 0.433 & 0.333 & 0.2 & 0.033 & 0 \\ 0.067 & 0.2 & 0.467 & 0.2 & 0.067 \\ 0.233 & 0.333 & 0.3 & 0.1 & 0.033 \\ 0.1 & 0.267 & 0.333 & 0.167 & 0.133 \end{bmatrix}$$

步骤 5：采用 FANP 确定各二级评价指标的权重 W。

(1)构造二级评价指标的权重超矩阵 $\tilde{W}$：

$$\tilde{W} = \begin{bmatrix} w_{11} & w_{12} & w_{13} & w_{14} \\ w_{21} & w_{22} & w_{23} & w_{24} \\ w_{31} & w_{32} & w_{33} & w_{34} \\ w_{41} & w_{42} & w_{43} & w_{44} \end{bmatrix}$$

其中，评价指标因素集 B_i 相对于 B_j 的影响程度权重矩阵 w_{ij}（$i,j=1,2,3,4$）的表达式为

$$w_{ij} = \left[w^{(j1)}, w^{(j2)}, \cdots, w^{(jq)}, \cdots, w^{(jn_j)} \right] \begin{bmatrix} w_{i1}^{(j1)} & w_{i1}^{(j2)} & \cdots & w_{i1}^{(jq)} & \cdots & w_{i1}^{(jn_j)} \\ w_{i1}^{(j1)} & w_{i1}^{(j2)} & \cdots & w_{i2}^{(jq)} & \cdots & w_{i2}^{(jn_j)} \\ \vdots & \vdots & \cdots & \vdots & \cdots & \vdots \\ w_{ip}^{(j1)} & w_{ip}^{(j2)} & \cdots & w_{ip}^{(jq)} & \cdots & w_{ip}^{(jn_j)} \\ \vdots & \vdots & \cdots & \vdots & \cdots & \vdots \\ w_{in_i}^{(j1)} & w_{in_i}^{(j2)} & \cdots & w_{in_i}^{(jq)} & \cdots & w_{in_i}^{(jn_j)} \end{bmatrix}$$

为了确定二级评价指标权重超矩阵 $\tilde{W}$，关键是确定影响程度权重矩阵 w_{ij} 的列向量 $w^{(jq)} = (w_{i1}^{(jq)}, w_{i2}^{(jq)}, \cdots, w_{ip}^{(jq)}, \cdots, w_{in_i}^{(jq)})^{\mathrm{T}}$，其中 $p=1,2,\cdots,n_i$，$q=1,2,3,\cdots,n_j$。本章仅以影响程度权重矩阵 w_{13} 的列向量 $w^{(31)} = (w_{11}^{(31)}, w_{12}^{(31)}, w_{13}^{(31)}, w_{14}^{(31)})^{\mathrm{T}}$ 为例，给出其求解过程，其他列向量的求解过程与之相同，不再赘述。在求解列向量 $w^{(31)}$ 的过程中，选取 3 位资深的废旧汽车发动机回收专家评判不同评价指标的间接优势度。3 位评价专家的三角模糊数判断矩阵可表示为 $Z^h = (z_{ef}^h)_{4 \times 4}$，其中 $h=1,2,3$，$e,f=1,2,3,4$。列向量 $w^{(31)}$ 的具体求解过程如下。

首先，采用三角模糊数表示专家评价的间接优势度，构造专家评价的三角模糊数判断矩阵 Z^h。三位评价专家给出如表 5.5~表 5.7 所示的三角模糊数判断矩阵 Z^1、Z^2 和 Z^3。

表 5.5　以 B_{31} 为评价准则的间接优势度判断矩阵 Z^1（评价专家 1）

B_{31}	B_{11}	B_{12}	B_{13}	B_{14}
B_{11}	(0.5,0.5,0.5)	(0.6,0.7,0.8)	(0.5,0.6,0.7)	(0.7,0.8,0.9)
B_{12}	(0.2,0.3,0.4)	(0.5,0.5,0.5)	(0.3,0.4,0.5)	(0.3,0.4,0.5)
B_{13}	(0.3,0.4,0.5)	(0.5,0.6,0.7)	(0.5,0.5,0.5)	(0.5,0.5,0.5)
B_{14}	(0.1,0.2,0.3)	(0.5,0.6,0.7)	(0.5,0.5,0.5)	(0.5,0.5,0.5)

表 5.6　以 B_{31} 为评价准则的间接优势度判断矩阵 Z^2（评价专家 2）

B_{31}	B_{11}	B_{12}	B_{13}	B_{14}
B_{11}	(0.5,0.5,0.5)	(0.5,0.6,0.7)	(0.6,0.7,0.8)	(0.6,0.7,0.8)
B_{12}	(0.3,0.4,0.5)	(0.5,0.5,0.5)	(0.4,0.5,0.6)	(0.2,0.3,0.4)
B_{13}	(0.2,0.3,0.4)	(0.4,0.5,0.6)	(0.5,0.5,0.5)	(0.4,0.5,0.6)
B_{14}	(0.2,0.3,0.4)	(0.6,0.7,0.8)	(0.4,0.5,0.6)	(0.5,0.5,0.5)

表 5.7　以 B_{31} 为评价准则的间接优势度判断矩阵 Z^3（评价专家 3）

B_{31}	B_{11}	B_{12}	B_{13}	B_{14}
B_{11}	(0.5,0.5,0.5)	(0.7,0.7,0.8)	(0.4,0.5,0.6)	(0.7,0.8,0.8)
B_{12}	(0.2,0.3,0.3)	(0.5,0.5,0.5)	(0.3,0.4,0.4)	(0.4,0.4,0.5)
B_{13}	(0.4,0.5,0.6)	(0.6,0.6,0.7)	(0.5,0.5,0.5)	(0.5,0.6,0.6)
B_{14}	(0.2,0.2,0.3)	(0.5,0.6,0.6)	(0.4,0.4,0.5)	(0.5,0.5,0.5)

其次，集结三角模糊数判断矩阵 Z^h 形成单个判断矩阵 Z，计算各二级评价指标的模糊综合评价值 a_e。利用式 (5.4) 集结三个三角模糊数判断矩阵的偏好信息，构成单个三角模糊数判断矩阵 Z：

$$
Z = \begin{bmatrix}
(0.5,0.5,0.5) & (0.6,0.67,0.77) & (0.5,0.6,0.7) & (0.67,0.77,0.8) \\
(0.23,0.33,0.4) & (0.5,0.5,0.5) & (0.33,0.4,0.5) & (0.3,0.37,0.5) \\
(0.3,0.4,0.5) & (0.5,0.57,0.67) & (0.5,0.5,0.5) & (0.47,0.53,0.6) \\
(0.17,0.23,0.3) & (0.53,0.63,0.7) & (0.43,0.5,0.5) & (0.5,0.5,0.5)
\end{bmatrix}
$$

利用式 (5.5) 计算各二级评价指标的模糊综合评价值 a_e（$e=1,2,3,4$）。

$$a_1 = (0.25,0.32,0.4)，\quad a_2 = (0.15,0.2,0.27)$$

$$a_3 = (0.19,0.25,0.32)，\quad a_4 = (0.38,0.23,0.28)$$

最后，计算各二级评级指标模糊评价值 a_e 的期望值 $E(a_e)$，并对其归一化处理获得其影响程度排序向量 $w^{(jq)}$。考虑到专家评价是中性的，因此选取乐观-悲观系数 $\eta = 1/2$。利用式 (5.6) 计算各二级评价指标模糊评价值 a_e 的期望值 $E(a_e) = (l_e + 2m_e + u_e)/4$，其中 $e=1,2,3,4$

$$E(a_1) = (l_1 + 2m_1 + u_1)/4 = (0.25 + 2\times0.32 + 0.4)/4 = 0.32$$

$$E(a_2) = (l_2 + 2m_2 + u_2)/4 = (0.15 + 2\times0.2 + 0.27)/4 = 0.21$$

$$E(a_3) = (l_3 + 2m_3 + u_3)/4 = (0.19 + 2\times0.25 + 0.32)/4 = 0.25$$

$$E(a_4) = (l_4 + 2m_4 + u_4)/4 = (0.38 + 2\times0.23 + 0.28)/4 = 0.23$$

利用式(5.8)计算影响程度排序列向量 $w^{(31)}$ 的各元素 $w_{11}^{(31)}, w_{12}^{(31)}, w_{13}^{(31)}, w_{14}^{(31)}$。

$$w_{11}^{(31)} = \frac{E(a_1)}{\sum\limits_{e=1}^{4} E(a_e)} = 0.32 \ , \quad w_{12}^{(31)} = \frac{E(a_2)}{\sum\limits_{e=1}^{4} E(a_e)} = 0.20$$

$$w_{13}^{(31)} = \frac{E(a_3)}{\sum\limits_{e=1}^{4} E(a_e)} = 0.25 \ , \quad w_{14}^{(31)} = \frac{E(a_4)}{\sum\limits_{e=1}^{4} E(a_e)} = 0.23$$

因此，　$w^{(31)} = (w_{11}^{(31)}, w_{12}^{(31)}, w_{13}^{(31)}, w_{14}^{(31)})^{\mathrm{T}} = (0.32, 0.20, 0.25, 0.23)^{\mathrm{T}}$。

重复上述过程，可获得影响程度权重矩阵 w_{13} 的其他两个列向量 $w^{(32)}$ 和 $w^{(33)}$。

$$w^{(32)} = \left(w_{11}^{(32)}, w_{12}^{(32)}, w_{13}^{(32)}, w_{14}^{(32)} \right)^{\mathrm{T}} = (0.238, 0.545, 0.118, 0.099)^{\mathrm{T}}$$

$$w^{(33)} = \left(w_{11}^{(33)}, w_{12}^{(33)}, w_{13}^{(33)}, w_{14}^{(33)} \right)^{\mathrm{T}} = (0.557, 0.176, 0.165, 0.102)^{\mathrm{T}}$$

因此，二级评价指标的权重超矩阵 $\tilde{W}$ 的子块 w^{13} 的矩阵表达式为

$$w_{13} = \left[w^{(31)}, w^{(32)}, w^{(33)} \right] = \begin{bmatrix} 0.32 & 0.238 & 0.557 \\ 0.20 & 0.545 & 0.176 \\ 0.25 & 0.118 & 0.165 \\ 0.23 & 0.099 & 0.102 \end{bmatrix}$$

采用上述步骤，可计算出二级评价指标的权重超矩阵 $\tilde{W}$ 其他子块的矩阵表达式：

$$w_{11} = \begin{bmatrix} 0.146 & 0.214 & 0.1 & 0.172 \\ 0.076 & 0.121 & 0.411 & 0.122 \\ 0.474 & 0.514 & 0.29 & 0.303 \\ 0.304 & 0.151 & 0.199 & 0.403 \end{bmatrix}, \quad w_{12} = \begin{bmatrix} 0.495 & 0.399 & 0.487 & 0.228 \\ 0.225 & 0.133 & 0.187 & 0.335 \\ 0.19 & 0.194 & 0.182 & 0.218 \\ 0.09 & 0.274 & 0.144 & 0.199 \end{bmatrix}$$

$$w_{13} = \begin{bmatrix} 0.32 & 0.238 & 0.557 \\ 0.20 & 0.545 & 0.176 \\ 0.25 & 0.118 & 0.165 \\ 0.23 & 0.099 & 0.102 \end{bmatrix}, \quad w_{14} = \begin{bmatrix} 0.479 & 0.625 & 0.5 \\ 0.116 & 0.125 & 0.167 \\ 0.165 & 0.125 & 0.166 \\ 0.24 & 0.125 & 0.167 \end{bmatrix}$$

$$w_{21} = \begin{bmatrix} 0.143 & 0.135 & 0.087 & 0.256 \\ 0.47 & 0.431 & 0.165 & 0.123 \\ 0.244 & 0.327 & 0.546 & 0.108 \\ 0.143 & 0.107 & 0.202 & 0.513 \end{bmatrix}, \quad w_{22} = \begin{bmatrix} 0.112 & 0.334 & 0.487 & 0.465 \\ 0.372 & 0.433 & 0.465 & 0.119 \\ 0.257 & 0.13 & 0.266 & 0.124 \\ 0.259 & 0.103 & 0.11 & 0.292 \end{bmatrix}$$

$$w_{23} = \begin{bmatrix} 0.091 & 0.135 & 0.104 \\ 0.171 & 0.3 & 0.214 \\ 0.406 & 0.461 & 0.281 \\ 0.332 & 0.104 & 0.401 \end{bmatrix}, \quad w_{24} = \begin{bmatrix} 0.103 & 0.136 & 0.132 \\ 0.421 & 0.501 & 0.478 \\ 0.275 & 0.19 & 0.195 \\ 0.201 & 0.173 & 0.195 \end{bmatrix}$$

$$w_{31} = \begin{bmatrix} 0.259 & 0.147 & 0.132 & 0.1 \\ 0.601 & 0.565 & 0.614 & 0.494 \\ 0.14 & 0.288 & 0.254 & 0.406 \end{bmatrix}, \quad w_{32} = \begin{bmatrix} 0.205 & 0.436 & 0.245 & 0.205 \\ 0.217 & 0.41 & 0.643 & 0.731 \\ 0.578 & 0.154 & 0.112 & 0.064 \end{bmatrix}$$

$$w_{33} = \begin{bmatrix} 0.171 & 0.279 & 0.1 \\ 0.74 & 0.646 & 0.528 \\ 0.089 & 0.075 & 0.372 \end{bmatrix}, \quad w_{34} = \begin{bmatrix} 0.313 & 0.649 & 0.156 \\ 0.201 & 0.203 & 0.327 \\ 0.486 & 0.148 & 0.517 \end{bmatrix}$$

$$w_{41} = \begin{bmatrix} 0.688 & 0.63 & 0.254 & 0.206 \\ 0.183 & 0.218 & 0.614 & 0.685 \\ 0.129 & 0.152 & 0.132 & 0.109 \end{bmatrix}, \quad w_{42} = \begin{bmatrix} 0.524 & 0.486 & 0.643 & 0.592 \\ 0.279 & 0.313 & 0.214 & 0.242 \\ 0.197 & 0.201 & 0.143 & 0.166 \end{bmatrix}$$

$$w_{43} = \begin{bmatrix} 0.201 & 0.201 & 0.147 \\ 0.313 & 0.313 & 0.233 \\ 0.486 & 0.486 & 0.620 \end{bmatrix}, \quad w_{44} = \begin{bmatrix} 0.271 & 0.178 & 0.156 \\ 0.608 & 0.575 & 0.327 \\ 0.121 & 0.247 & 0.517 \end{bmatrix}$$

因此，二级评价指标的权重超矩阵 $\tilde{W}$ 为

$$\tilde{W} = \begin{bmatrix}
0.146 & 0.214 & 0.1 & 0.172 & 0.495 & 0.399 & 0.487 & 0.228 & 0.32 & 0.238 & 0.557 & 0.479 & 0.625 & 0.5 \\
0.076 & 0.121 & 0.411 & 0.122 & 0.225 & 0.133 & 0.187 & 0.335 & 0.20 & 0.545 & 0.176 & 0.116 & 0.125 & 0.167 \\
0.474 & 0.514 & 0.29 & 0.303 & 0.19 & 0.194 & 0.182 & 0.218 & 0.25 & 0.118 & 0.165 & 0.165 & 0.125 & 0.166 \\
0.304 & 0.151 & 0.199 & 0.403 & 0.09 & 0.274 & 0.144 & 0.199 & 0.23 & 0.099 & 0.102 & 0.24 & 0.125 & 0.167 \\
0.143 & 0.135 & 0.087 & 0.256 & 0.112 & 0.334 & 0.487 & 0.465 & 0.091 & 0.135 & 0.104 & 0.103 & 0.136 & 0.132 \\
0.47 & 0.431 & 0.165 & 0.123 & 0.372 & 0.433 & 0.465 & 0.119 & 0.171 & 0.3 & 0.214 & 0.421 & 0.501 & 0.478 \\
0.244 & 0.327 & 0.546 & 0.108 & 0.257 & 0.13 & 0.266 & 0.124 & 0.406 & 0.461 & 0.281 & 0.275 & 0.19 & 0.195 \\
0.143 & 0.107 & 0.202 & 0.513 & 0.259 & 0.103 & 0.11 & 0.292 & 0.332 & 0.104 & 0.401 & 0.201 & 0.173 & 0.195 \\
0.259 & 0.147 & 0.132 & 0.1 & 0.205 & 0.436 & 0.245 & 0.205 & 0.171 & 0.279 & 0.1 & 0.313 & 0.649 & 0.156 \\
0.601 & 0.565 & 0.614 & 0.494 & 0.217 & 0.41 & 0.643 & 0.731 & 0.74 & 0.646 & 0.528 & 0.201 & 0.203 & 0.327 \\
0.14 & 0.288 & 0.254 & 0.406 & 0.578 & 0.154 & 0.112 & 0.064 & 0.089 & 0.075 & 0.372 & 0.486 & 0.148 & 0.517 \\
0.688 & 0.63 & 0.254 & 0.206 & 0.524 & 0.486 & 0.643 & 0.592 & 0.201 & 0.201 & 0.147 & 0.271 & 0.178 & 0.156 \\
0.183 & 0.218 & 0.614 & 0.685 & 0.279 & 0.313 & 0.214 & 0.242 & 0.313 & 0.313 & 0.233 & 0.608 & 0.575 & 0.327 \\
0.129 & 0.152 & 0.132 & 0.109 & 0.197 & 0.201 & 0.143 & 0.166 & 0.486 & 0.486 & 0.620 & 0.121 & 0.247 & 0.517
\end{bmatrix}$$

(2)构造一级评价指标因素集的模糊权重矩阵A。采用与确定二级评价指标权重矩阵相同的方法,构建一级评价指标因素集的模糊权重矩阵A,其矩阵表达式如下:

$$A = \begin{bmatrix} a_{11} & a_{12} & a_{13} & a_{14} \\ a_{21} & a_{22} & a_{23} & a_{24} \\ a_{31} & a_{32} & a_{33} & a_{34} \\ a_{41} & a_{42} & a_{43} & a_{44} \end{bmatrix} = \begin{bmatrix} 0.25 & 0.224 & 0.33 & 0.283 \\ 0.533 & 0.566 & 0.128 & 0.105 \\ 0.109 & 0.105 & 0.461 & 0.081 \\ 0.108 & 0.105 & 0.081 & 0.531 \end{bmatrix}$$

(3)构造模糊加权超矩阵$\overline{W}$,计算其极限稳定向量作为各评价指标的权重W。

$$\overline{W} = A \cdot \tilde{W} = \begin{bmatrix} a_{11}w_{11} & a_{12}w_{12} & a_{13}w_{13} & a_{14}w_{14} \\ a_{21}w_{21} & a_{22}w_{22} & a_{23}w_{23} & a_{24}w_{24} \\ a_{31}w_{31} & a_{32}w_{32} & a_{33}w_{33} & a_{34}w_{34} \\ a_{41}w_{41} & a_{42}w_{42} & a_{43}w_{43} & a_{44}w_{44} \end{bmatrix}$$

$$\overline{W} = \begin{bmatrix} 0.037 & 0.054 & 0.025 & 0.043 & 0.111 & 0.09 & 0.110 & 0.051 & 0.170 & 0.078 & 0.184 & 0.136 & 0.177 & 0.141 \\ 0.019 & 0.030 & 0.103 & 0.030 & 0.05 & 0.03 & 0.042 & 0.08 & 0.072 & 0.180 & 0.058 & 0.033 & 0.035 & 0.047 \\ 0.118 & 0.129 & 0.073 & 0.076 & 0.043 & 0.430 & 0.041 & 0.049 & 0.046 & 0.039 & 0.054 & 0.046 & 0.035 & 0.047 \\ 0.076 & 0.038 & 0.049 & 0.101 & 0.021 & 0.062 & 0.032 & 0.045 & 0.042 & 0.033 & 0.034 & 0.068 & 0.035 & 0.047 \\ 0.076 & 0.072 & 0.046 & 0.136 & 0.063 & 0.189 & 0.09 & 0.263 & 0.012 & 0.017 & 0.013 & 0.011 & 0.014 & 0.014 \\ 0.250 & 0.229 & 0.088 & 0.066 & 0.210 & 0.246 & 0.263 & 0.067 & 0.022 & 0.038 & 0.027 & 0.044 & 0.053 & 0.05 \\ 0.130 & 0.174 & 0.290 & 0.057 & 0.145 & 0.073 & 0.151 & 0.070 & 0.052 & 0.059 & 0.036 & 0.029 & 0.02 & 0.02 \\ 0.076 & 0.056 & 0.108 & 0.273 & 0.147 & 0.058 & 0.062 & 0.165 & 0.043 & 0.013 & 0.051 & 0.021 & 0.018 & 0.020 \\ 0.028 & 0.016 & 0.014 & 0.011 & 0.021 & 0.046 & 0.026 & 0.021 & 0.079 & 0.128 & 0.046 & 0.025 & 0.053 & 0.013 \\ 0.065 & 0.061 & 0.067 & 0.054 & 0.023 & 0.043 & 0.067 & 0.077 & 0.341 & 0.298 & 0.243 & 0.016 & 0.016 & 0.027 \\ 0.015 & 0.031 & 0.028 & 0.044 & 0.061 & 0.016 & 0.012 & 0.007 & 0.041 & 0.035 & 0.172 & 0.039 & 0.012 & 0.042 \\ 0.075 & 0.068 & 0.028 & 0.022 & 0.055 & 0.051 & 0.067 & 0.062 & 0.016 & 0.016 & 0.012 & 0.144 & 0.094 & 0.083 \\ 0.020 & 0.024 & 0.067 & 0.074 & 0.029 & 0.033 & 0.022 & 0.025 & 0.025 & 0.025 & 0.019 & 0.323 & 0.305 & 0.174 \\ 0.014 & 0.016 & 0.014 & 0.012 & 0.021 & 0.05 & 0.021 & 0.015 & 0.017 & 0.039 & 0.039 & 0.05 & 0.064 & 0.132 & 0.275 \end{bmatrix}$$

计算$\overline{W}$的极限稳定向量,该向量即是二级评价指标的权重W。

$$W = \lim_{k \to \infty}(\overline{W})^k = (0.093, 0.058, 0.058, 0.043, 0.086, 0.144, 0.101, 0.079,$$
$$0.043, 0.086, 0.029, 0.058, 0.079, 0.043)$$

步骤6:采用模糊综合评价模型$M(\bullet, +)$,计算三种废旧机电产品回收模式的最终评价得分$T = (T^1, T^2, T^3)$。采用式(5.11)计算制造商回收模式的最终评价得分T^1为

$$
T^{1} = W \cdot S^{1} \cdot R^{\mathrm{T}} =
\begin{bmatrix}
0.093 \\
0.058 \\
0.058 \\
0.043 \\
0.086 \\
0.144 \\
0.101 \\
0.079 \\
0.043 \\
0.086 \\
0.029 \\
0.058 \\
0.079 \\
0.043
\end{bmatrix}^{\mathrm{T}}
\begin{bmatrix}
0.067 & 0.2 & 0.533 & 0.167 & 0.033 \\
0 & 0.033 & 0.167 & 0.367 & 0.433 \\
0.033 & 0.033 & 0.3 & 0.4 & 0.234 \\
0.033 & 0.067 & 0.133 & 0.267 & 0.5 \\
0 & 0.2 & 0.167 & 0.5 & 0.133 \\
0.1 & 0.333 & 0.267 & 0.267 & 0.033 \\
0.333 & 0.3 & 0.233 & 0.1 & 0.033 \\
0.2 & 0.433 & 0.233 & 0.067 & 0.067 \\
0 & 0.1 & 0.133 & 0.434 & 0.333 \\
0.067 & 0.333 & 0.333 & 0.133 & 0.133 \\
0.033 & 0.067 & 0.167 & 0.333 & 0.4 \\
0.1 & 0.3 & 0.4 & 0.133 & 0.067 \\
0.333 & 0.4 & 0.133 & 0.1 & 0.033 \\
0.333 & 0.4 & 0.167 & 0.067 & 0.033
\end{bmatrix}
\cdot
\begin{bmatrix}
100 \\
80 \\
60 \\
40 \\
20
\end{bmatrix}
= 61.31
$$

重复上述步骤，可得经销商回收模式和第三方企业回收模式最终评价得分 T^{2} 和 T^{3}。

$$
T^{2} = W \cdot S^{2} \cdot R^{\mathrm{T}} =
\begin{bmatrix}
0.093 \\
0.058 \\
0.058 \\
0.043 \\
0.086 \\
0.144 \\
0.101 \\
0.079 \\
0.043 \\
0.086 \\
0.029 \\
0.058 \\
0.079 \\
0.043
\end{bmatrix}^{\mathrm{T}}
\begin{bmatrix}
0.233 & 0.333 & 0.267 & 0.133 & 0.033 \\
0.1 & 0.333 & 0.267 & 0.2 & 0.1 \\
0.133 & 0.367 & 0.233 & 0.167 & 0.1 \\
0.1 & 0.4 & 0.3 & 0.133 & 0.067 \\
0.067 & 0.167 & 0.433 & 0.267 & 0.067 \\
0.133 & 0.467 & 0.233 & 0.133 & 0.033 \\
0.2 & 0.433 & 0.3 & 0.1 & 0.067 \\
0.167 & 0.367 & 0.333 & 0.133 & 0.033 \\
0.2 & 0.3 & 0.333 & 0.133 & 0.333 \\
0.133 & 0.4 & 0.333 & 0.067 & 0.067 \\
0.033 & 0.1 & 0.233 & 0.367 & 0.267 \\
0.1 & 0.233 & 0.5 & 0.1 & 0.067 \\
0.267 & 0.333 & 0.3 & 0.067 & 0.033 \\
0.233 & 0.4 & 0.233 & 0.1 & 0.033
\end{bmatrix}
\cdot
\begin{bmatrix}
100 \\
80 \\
60 \\
40 \\
20
\end{bmatrix}
= 68.04
$$

$$T^3 = W \cdot S^3 \cdot R^{\mathrm{T}} = \begin{bmatrix} 0.093 \\ 0.058 \\ 0.058 \\ 0.043 \\ 0.086 \\ 0.144 \\ 0.101 \\ 0.079 \\ 0.043 \\ 0.086 \\ 0.029 \\ 0.058 \\ 0.079 \\ 0.043 \end{bmatrix}^{\mathrm{T}} \cdot \begin{bmatrix} 0.067 & 0.2 & 0.533 & 0.167 & 0.033 \\ 0 & 0.033 & 0.167 & 0.367 & 0.433 \\ 0.033 & 0.033 & 0.3 & 0.4 & 0.234 \\ 0.033 & 0.067 & 0.133 & 0.267 & 0.5 \\ 0 & 0.2 & 0.167 & 0.5 & 0.133 \\ 0.1 & 0.333 & 0.267 & 0.267 & 0.033 \\ 0.333 & 0.3 & 0.233 & 0.1 & 0.033 \\ 0.2 & 0.433 & 0.233 & 0.067 & 0.067 \\ 0 & 0.1 & 0.133 & 0.434 & 0.333 \\ 0.067 & 0.333 & 0.333 & 0.133 & 0.133 \\ 0.033 & 0.067 & 0.167 & 0.333 & 0.4 \\ 0.1 & 0.3 & 0.4 & 0.133 & 0.067 \\ 0.333 & 0.4 & 0.133 & 0.1 & 0.033 \\ 0.333 & 0.4 & 0.167 & 0.067 & 0.033 \end{bmatrix} \cdot \begin{bmatrix} 100 \\ 80 \\ 60 \\ 40 \\ 20 \end{bmatrix} = 67.05$$

步骤 7：计算三种废旧机电产品回收模式的最终评价得分 $T = (T^1, T^2, T^3) = (61.31, 68.04, 67.05)$。由于经销商回收模式和第三方企业回收模式最终评价得分十分接近，可以选择这两种回收模式。

5.3.2　废旧汽车发动机回收模式选择分析及对策

1. 废旧汽车发动机回收模式选择分析结论

为了有效分析三种废旧汽车发动机回收模式，本章计算了三种回收模式下各一级评价指标因素集和二级评价指标的得分情况，如表 5.8 所示。根据表 5.8 的计算结果，可得出如下结论。

(1) 三种回收模式的最终评价实际分值"整体偏低且差异不显著"，是造成企业难以抉择采用何种回收模式的内在原因。

在现实生产过程中，在进行废旧发动机回收模式选择时，特别是选择经销商回收模式还是第三方企业回收模式时，企业中、高层决策者总是感觉无从选择，他们的选择往往游离于不同回收模式之间。分析表 5.8 中三种回收模式的最终评价分值，不难发现其具有"整体偏低且差异不显著"的典型特征，具体表现为三种回收模式最终评价分值均低于 70 分，且最优的经销商回收模式与次优的第三方企业回收模式仅相差 1 分。这意味着三种回收模式无一能够充分满足企业要求并获得一致认可，这也是造成当前企业高层决策者难以抉择选用何种回收模式的内因所在。

表 5.8 三种回收模式下一级评价因素集和二级评价指标分值情况

评价指标体系		再制造商回收模式		经销商回收模式		第三方企业回收模式	
		二级评价指标实际分值	一级评价因素集实际分值	二级评价指标实际分值	一级评价因素集实际分值	二级评价指标实际分值	一级评价因素集实际分值
企业经济效益 B_1	企业经济规模 B_{11}	5.77	12.05	6.7	17.38	4.65	17.15
	物流回收能力 B_{12}	2.09		3.64		4.48	
	盈利能力 B_{13}	2.59		3.79		4.33	
	抗财务风险能力 B_{14}	1.6		2.89		3.67	
企业经济效益 B_1 的理想分值		25.2					
社会及生态效益 B_2	消费者认知与参与程度 B_{21}	4.19	26.83	4.99	27.97	6.82	26.97
	政府支持力度 B_{22}	9.22		10.18		10.47	
	资源再利用能力 B_{23}	7.68		7.27		5.52	
	环境保护效果 B_{24}	5.74		5.53		4.16	
社会生态效益 B_2 的理想分值		41					
企业技术效能 B_3	回收专业化程度 B_{31}	1.72	9.15	3.01	10.28	2.27	11.12
	产品处理技术能力及装备水平 B_{32}	6.27		5.96		6.43	
	产品类型 B_{33}	1.16		1.31		2.42	
企业技术效能 B_3 的理想分值		15.8					
企业发展战略 B_4	企业经营战略 B_{41}	3.75	13.29	3.71	12.79	3.48	11.83
	回收管控能力 B_{42}	6.16		5.9		5.74	
	产品专有技术保密程度 B_{43}	3.38		3.18		2.61	
企业发展战略 B_4 的理想分值		18					
最终评价实际分值		61.32		68.06		67.05	

(2) 一级评价因素集"社会及生态效益 B_2"和"企业经济效益 B_1"的实际分值与理想分值相差较大,是导致三种回收模式最终评价实际分值整体偏低的本质原因。

通过计算获得一级评价因素集"企业经济效益 B_1""社会及生态效益 B_2""企业技术效能 B_3""企业发展战略 B_4"的权重分别是 0.252、0.41、0.158、0.18。

因此，上述四个一级评价因素集的理想分值分别为 25.2 分、41 分、15.8 分和 18 分(四个理想分值合计 100 分)。对比目前最优的经销商回收模式，该模式下四个一级评价因素集实际分值与理想分值的差值分别为 7.82 分、13.03 分、5.52 分和 5.21 分。不难看出，相对于其他两个一级评价因素集，"社会及生态效益 B_2" 和 "企业经济效益 B_1" 的实际分值情况不甚理想，从而导致三种回收模式的最终评价实际分值低于 70 分。

(3)一级评价因素集 "企业经济效益 B_1" 实际分值差异较为明显，是形成三种回收模式最终评价实际分值存在一定差距的主要原因。

目前，再制造商回收模式的最终评价实际分值最低，其与经销商回收模式、第三方企业回收模式的总差值分别为 6.74 分和 5.73 分。深入观察可知，在一级评价因素集 "企业经济效益 B_1" 上，该回收模式与其他两种回收模式的实际分值之差就分别高达 4.97 分和 5.08 分，分别占总差值的 73.7%和 88.7%。显然，这是形成三种回收模式最终评价实际分值存在一定差距的主要原因。

2. 废旧汽车发动机回收对策及建议

目前，国外废旧汽车发动机回收主要采用经销商回收模式和第三方企业回收模式。而国内不少汽车零部件再制造试点企业也借助汽车 4S 店或第三方物流企业的既有经销与配送网络实现高效、低成本的回收。国内外的实际情况与本章研究获得的 "经销商回收和第三方企业回收分别为最优、次优回收模式" 的研究结果保持一致。有鉴于此，为了提高对策建议的针对性，本书主要面向经销商回收和第三方企业回收这两种模式提出对策和建议。同时，考虑到分析结论(1)和(2)中 "社会及生态效益 B_2" 和 "企业经济效益 B_1" 实际分值与理想分值相差较大是导致最终评价实际分值整体偏低的本质原因，为了确保对策建议的有效性，分别从 "社会及生态效益 B_2" 和 "企业经济效益 B_1" 两个方面提出相应对策建议,以便整体提升最终评价值实际分值。

(1)全面加强 "消费者认知与参与程度 B_{21}" 和 "政府支持力度 B_{22}" 两项评价指标，有效提升 "社会及生态效益 B_2" 的实际分值。

在一级评价因素集 "社会及生态效益 B_2" 中，"消费者认知与参与程度 B_{21}" 和 "政府支持力度 B_{22}" 是两项十分重要的二级评价指标。目前，在我国汽车零部件再制造产业发展过程中，一个十分突出的问题就是消费者对再制造发动机的质量与性能存在一定认知偏见，不愿参与废旧发动机的回收，更不愿意购买再制造发动机。此外，自 2005 年开始我国政府虽出台了一系列支持汽车发动机再制造的政策、法规，并实施了中央财政专项补贴，但支持范围仅限 30 余家大型汽车发动机回收再制造试点企业。因此，为了提升 "社会及生态效益 B_2" 的实际分值，未来废旧汽车发动机回收过程中要做到以下两点。

第一，利用多种形式大力宣传废旧发动机回收再制造，全面提升消费者参与程度。利用科普讲座、发动机再制造技术与设备展、再制造发动机用户体验等多种方式全面加大宣传力度，引导消费者主动接受并积极购买使用再制造发动机，激发他们参与废旧发动机回收的主动性与热情。

第二，提升政府支持力度并扩大再制造试点广度，形成全方位政府支持。政府应加大财政扶持和税收优惠的力度，批准更多的中小型废旧发动机回收与再造企业成为再制造试点单位，让它们同样享受政府的财政支持与税收减免。与此同时，政府鼓励银行、保险机构、投资基金等金融机构开展再制造企业融资与保险业务，努力拓宽废旧汽车发动机回收再制造企业的投融资渠道，从而形成政府全方位支持的喜人局面。

(2) 重点关注"企业经济规模 B_{11}"和"物流回收能力 B_{12}"两项评价指标，努力增加"企业经济效益 B_1"的实际分值。

"企业经济规模 B_{11}"和"物流回收能力 B_{12}"在一级评价因素集"企业经济效益 B_1"中占据重要地位。目前，在我国废旧汽车发动机回收环节，企业经济规模相对偏小且物流回收能力偏弱是两个不争的事实，严重制约了企业经济效益的发挥。为了提升"企业经济效益 B_1"的实际分值，需要开展以下两方面工作。

第一，建立多渠道的投融资体系，扩大企业经济规模。目前，由于废旧发动机回收再制造的发展形势不尽明朗，仅有少量国内外大型汽车整车及发动机制造企业投资开展发动机回收再制造业务，而各类商业银行、投资基金、大型国企和民企都未投资。因此，未来应建立多渠道的投融资体系，充分挖掘与发挥商业银行、投资基金、大型国企和民企等渠道的投资兴趣，从而扩张企业经济规模，增加"企业经济效益 B_1"的实际分值。

第二，大力加强废旧发动机回收基础设施建设，提升物流回收能力。综合考量国内废旧发动机回收发展情况，加强回收网点设施、回收专用设备等回收基础设施建设，一方面能够有效提升"物流回收能力 B_{12}"，另一方面借助回收基础设施建设也可有效降低物流回收成本，进而提高"盈利能力 B_{13}"与"抗财务风险能力 B_{14}"，从而产生有效提升"企业经济效益 B_1"实际分值的效果。

(3) 实施再制造商回收模式更应着重关注"企业经济效益 B_1"，以便有效缩小与其他两种回收模式的最终评价实际得分差距。

从 5.3.2 小节第一部分的分析结论(3)可知，再制造商回收模式的弱势评价因素集为"企业经济效益 B_1"。因此，当必须采用该回收模式时，更应着重关注"企业经济效益 B_1"。此时，应综合运用"大力加强废旧发动机回收基础设施建设，提升物流回收能力"和"建立多渠道投融资体系，扩大企业经济规模"两个手段，提高"企业经济效益 B_1"的实际分值，达到缩小与其他两种回收模式最终评价实际得分差距的目的。

第6章 废旧机电产品回收的群体演化博弈研究

废旧机电产品回收的实质是再制造商、回收商及消费者等多个群体进行合作博弈的过程,如图 6.1 所示。其中,再制造商群体可以是独立再制造商,亦可由原始设备制造商承担,此时原始设备制造商同时开展制造与再制造业务;回收商群体可以是独立回收商,亦可由经销商担当。在此回收过程中,消费者群体可以选择积极参与和消极参与两种策略,其中消极参与表现为将废旧机电产品卖给"回收游击队"或将其闲置、丢弃;再制造商群体与回收商群体可以选择合作回收和不合作回收两种策略。由于各参与回收博弈群体通常具有有限理性,博弈过程中各群体不可能一开始就能找到最优策略,而是在多次博弈中通过学习和策略调整逐渐找到最优策略,这就形成了具有双策略的废旧机电产品回收群体演化博弈过程。

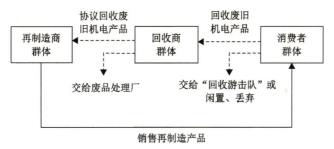

图 6.1　废旧机电产品回收参与群体关系图

在废旧机电产品回收过程中,再制造商群体、回收商群体及消费者群体之间具有不同性质的关系。根据各群体之间是否具有直接的博弈关系,可将其划分为以下两种类型:一是具有直接相关性的再制造商群体与回收商群体。该类型的两个博弈群体之间是一种明确的博弈关系。再制造商群体与回收商群体之间具有明确、直接的博弈关系,是典型的市场关系,两个群体的成员之间在回收价格、回收数量等方面直接进行博弈。二是具有策略相关性的再制造商与消费者群体。该类型的两个博弈群体之间具有一定的互动关系,某一群体采取的策略无法直接影响另一群体采取的策略,但彼此可根据对方传递的策略信息做出间接决策。譬如,回收废旧机电产品回收时,再制造商出于降低成本方面的考虑,下调从回收商购买的废旧产品的协议回收价格,导致回收商收益减少。其结果是回收商决定将大部分废旧机电产品低价转售给其他企业,并且降低支付给消费者的废旧产品回收单价。由于消费者可获得的回收报酬下降,结果会影响消费者的回收行为。由此可见，再制造商与消费者两群体行为之间无法用简单的博弈关系进行定量描述，但可以间接通过彼此的信息传递及时修正群体的决策行为。本章在介绍群体演化博弈理论的基础上，从再制造商群体的视角分别研究具有直接相关性的再制造商与回收商两群体演化博弈问题和具有策略相关性的再制造商与消费者群体演化博弈问题。

6.1　演化博弈研究的理论基础

针对演化博弈的动态过程，采用传统数学建模方法分析其策略寻优过程往往计算过程复杂，且结果误差较大。为此，本章的研究思路是：在研究废旧机电产品回收群体演化博弈问题时，根据不同时刻各群体中选择某一策略的人数情况而形成的不同策略组合将演化过程划分为不同阶段，探讨从初始博弈状态到最终寻得最优策略时博弈状态的变化趋势，从而对整个策略寻优的演化过程进行全面而准确的分析。为了更好地研究该问题，研究假设不同博弈状态之间的转移只存在于相邻状态之间，且具有无后效性。因此，可以将废旧机电产品回收的群体演化博弈看作一个拟生灭过程，通过求解对应的平稳概率分布矩阵，从而定量给出每一个博弈状态下的平稳概率，并结合定性分析寻求各参与群体的最优策略。本节将系统介绍与研究密切相关的演化博弈理论和拟生灭方法，从而为后续 6.2 节和6.3 节的研究奠定理论基础。

6.1.1　演化博弈理论

1. 演化博弈论提出的背景

1）经典博弈论的基本概念

为了深入理解演化博弈理论，需要对经典博弈理论及其存在缺陷有所了解。博弈论又称对策论，是研究决策主体的行为发生直接的相互作用时决策及这种决策的均衡问题的理论。1944 年，美国学者冯·诺伊曼(Neumann)和摩根斯顿(Morgenstern)发表了著作《博弈论和经济行为》，自此博弈论逐渐被人们所接受。此后，Nash 提出了著名的"纳什均衡"，即存在一种均衡是理性的博弈参与人进行博弈的稳定最优解。该均衡的静态结构可以表示为：每一个博弈参与人的纳什均衡策略，都是其他参与人同时选择纳什均衡策略的最优反应策略。从 20 世纪80 年代开始，博弈论逐渐发展成为主流经济学的一员，并成功应用于分析各类经济现象，如各个厂商的竞争、工业组织的形成、经济契约的签订，甚至人类社会中各种制度的确立。一个完整的经典博弈主要取决于以下四项要素。

一是博弈主体。博弈主体是指可以进行独立决策并承担决策结果的个人或组织。在废旧机电产品回收过程中，再制造商、回收商、消费者等均可作为博弈主体，甚至政府亦可作为博弈主体。通常而言，博弈主体数量越多，则博弈过程就会变得越复杂，博弈结果就越难以预测。

二是策略空间。策略空间是指各博弈主体可选择策略的集合。由于每一个策略都对应着一个博弈的结果。所以，随着博弈主体可选择策略的增多，博弈过程和博弈结果将变得复杂和难于预测。

三是博弈的次序。博弈的次序指各参与博弈主体进行博弈行动的顺序。即使是采用相同的博弈主体和同样的策略空间，先后决策并行动和同时决策行动，其博弈结果往往有本质的变化，这说明博弈次序对于博弈结果影响巨大。

四是博弈信息。博弈信息是指博弈中有关对手策略选择及各博弈方获得收益的信息。对于对手策略选择信息掌握得越充分，该博弈主体在博弈中就越能处于有利地位。而各博弈方获得的收益(也称支付)，是指各博弈主体策略实施后的结果，通常采用收益矩阵表示。收益信息是促使某博弈方最终选择某种策略的关键参考值，也是影响博弈方最终博弈结果的重要力量。

2) 经典演化博弈存在的缺陷

随着博弈理论研究的不断深入，研究者发现经典博弈论存在以下缺陷。

第一，参与人是"完全理性"的假设与现实是相悖的。现实生活中的博弈参与人具有"有限理性"，即参与人拥有的知识和信息是有限的，无法充分准确地了解博弈环境，对未来博弈的过程无法准确预测。即使掌握了充分信息，参与人也不是总能按完全理性进行决策。

第二，缺乏对动态机制下均衡状态的趋向过程研究。经典博弈论研究了系统处于稳定状态时的均衡结构，但对于一个重复的、长期的、动态的博弈演化过程缺乏相关研究，而这又是未来博弈研究的重点。

第三，对仿真数据的真实性及可靠性要求高。博弈论的预测需要真实环境下的数据验证，而仿真复杂现实经济环境下的博弈需要不断改进实验方法并获取可信实验数据，要实现十分困难。

2. 演化博弈论的产生与发展

由于经典博弈论存在上述缺陷，研究者开始将目光转向演化博弈论。演化博弈论主要源自达尔文的生物进化论和马尔萨斯的群体进化思想。在生物进化过程中，不同种群因争夺同一种生存资源而发生竞争，其结果往往是优胜劣汰，即那些获得较高适应度的种群生存下来，而其他无法适应竞争的种群惨遭淘汰。同时在进化过程中，生物种群中常常会发生突变和迁移现象。正是基于上述思想，学者们提出了演化博弈理论。

20世纪70年代初，生态学家Maynard Smith和Price在其著作 *Evolution and the Theory of Games* 中提出了演化博弈论中的核心概念"演化稳定策略"，其主要思想是：如果一个群体(原群体)的行为模式能够消除任何小的突变群体，那么这种行为模式一定能够获得比突变群体高的支付。随着时间的演化，突变者群体最后会从原群体中消失，原群体所选择的策略就是演化稳定策略。系统选择演化稳定策略时所处的状态即演化稳定状态，此时的均衡就是演化稳定均衡。该研究标志着演化博弈论的诞生。1978年，Taylor和Jonker首次提出了描述生态演化的基本动态概念——复制动态(replicator dynamics)，自此演化博弈理论有了明确的研究目标。

20世纪80年代，随着经典博弈论固有的缺陷逐渐被人们所认识，主张有限理性概念的演化博弈理论得到了学术界的普遍认可。加之演化博弈理论在解释生态现象时获得的巨大成功，正式确立了该理论的学术地位。到了20世纪90年代初，经济学家在复制动态框架下将其与经典博弈论进行比较研究，发现演化博弈能够很好地弥补经典博弈论的三大缺陷。因此，其被广泛引入到经济学领域，用于分析社会制度变迁、产业演化及股票市场等问题。当然在采用演化博弈分析生态现象时，把每一个种群的行为都化为一个策略程式，因此演化的结果将会是突变种群的消失。而在用于经济分析时，那么演化的结果将是那些选择突变策略的个体最终会改变策略而选择演化稳定策略。

进入21世纪，演化博弈研究在建模方法上受到越来越多的关注，并且呈现一种新的趋势，具体表现为：第一，博弈模型从具有连续状态空间的、确定性的转向具有离散状态空间的、随机的。第二，博弈研究的人口规模转向有限人口。由此可见，未来演化博弈的研究主要集中在具有有限人口规模的、状态空间为离散的、随机的群体演化博弈研究。

3. 演化博弈论的四要素

美国学者Friedman提出了演化博弈论的四个基本要素[80]：参与群体及每个群体策略的状态空间、演化博弈过程中的一次阶段博弈、演化博弈的长期稳定策略及演化过程的复制动态特性。现简要介绍如下。

1)参与群体及每个群体策略的状态空间

在现实生活中，担任不同角色的经济主体被抽象划分为不同的参与群体。根据人口规模是否有限，可将各参与群划分为有限群体和无限群体。不同参与群体具有不同的策略，根据策略连续与否可划分为离散性策略集和连续性策略集。参与群体策略的状态空间是指群体中采用每一种策略的参与人占全部参与人的比例。在废旧机电产品回收过程中，参与群体主要包括提供废旧机电产品的消费者群体、从消费者手回收废旧机电产品的回收商群体、开展废旧机电产品再制造的再制造商群体。各参与群体均为有限群体，即参与群体中参与人的数量是有限的，并且假设各参与群体都只具有两个策略且属于离散型策略集。因此，可以假设 P_j 为参与群体 j，M_j 为群体 j 的人口规模，S_j 为群体 j 的离散型策略集。

2）演化博弈过程中的一次阶段博弈

演化博弈过程中的阶段博弈采用标准式一次博弈表示，给定阶段博弈的收益结构，定义收益函数的概念。在群体二人博弈研究中，根据群体的不同可分两种情况：同质群体对称二人博弈和不同质群体非对称二人博弈。再制造商与回收商两群体之间的演化博弈属于不同质群体非对称二人博弈，而再制造商与消费者群体共同演化则属于两个同质群体对称二人博弈。

3）演化博弈的长期稳定策略

在演化群体中绝大多数的参与人选择某种策略，但也存在"突变者"——部分参与人选择其他策略。当坚持原策略的参与人获得比"突变者"更高的收益，这时在自然选择压力下，突变者只能改变策略而选择绝大多数博弈者选择的策略，或者退出系统而在进化过程中消失，这样系统就逐渐趋向稳定状态。可见，演化博弈的长期稳定策略是群体中大部分参与人的选择，并且该策略是其他"突变者"所选策略无法比拟的。分析废旧机电产品回收群体演化博弈的长期稳定策略，是基于群体中选择第一类策略的人数变化的概率进行研究的。

4）演化博弈过程的复制动态特性

演化博弈模型主要基于选择（selection）和突变制（mutation）而建立。选择是指本期中好的策略（能够获得较高支付的策略）在下期被更多的参与者采用；突变一般很少发生，它以随机方式选择策略，既可能获得高支付的策略，也可能获得较低支付的策略。新的突变也必须经过选择，并且只有好的策略才能生存下来。目前，演化博弈论主要采用复制动态特性来描述群体的选择与突变机制，复制动态特性是区别于经典博弈模型的最重要特点之一。从微观上看，参与人能够通过不断学习知识、搜集信息从而更好地做出决策。从宏观上看，所有参与人在重复博弈的过程中不断学习进化，从而形成整个群体的演化。本章引入学习机制（学习程度因子）研究演化博弈的复制动态特性，将群体的演化看作参与人群不断学习的过程。

6.1.2 拟生灭过程理论

由于拟生灭过程理论是建立在生灭过程理论的基础上的，在介绍生灭过程的基础上引入拟生灭过程理论。

1. 生灭过程理论

经典生灭过程理论的研究已有近百年的历史，不仅形成了完整的理论体系，而且在自然科学及社会科学等各种领域得到了广泛的应用。根据生灭过程的定义，取值于非负状态空间 $\{0,1,2,\cdots\}$ 的马尔可夫链 $\{X(t),t \geqslant 0\}$，如果其无穷小生成元具有以下形式：

$$Q = \begin{bmatrix} -\lambda_0 & \lambda_0 & & & & \\ \mu_1 & -(\lambda_1+\mu_1) & \lambda_1 & & & \\ & \mu_2 & -(\lambda_2+\mu_2) & \lambda_2 & & \\ & & \ddots & \ddots & \ddots & \\ & & & \mu_n & -(\lambda_n+\mu_n) & \lambda_n & \\ & & & & \ddots & \ddots & \ddots \end{bmatrix}$$

该 Q 矩阵满足以下两个条件：一是矩阵中各行之和为零；二是矩阵的主对角线及其上下两条平行斜线有非零元素，其他所有元素为零。此时，称马尔可夫链 $\{X(t),t \geqslant 0\}$ 是一个生灭过程。其中，λ_n 称为生率，μ_n 称为灭率。该生灭过程的瞬时 t 状态概率为 $p_j(t)=P\{X(t)=j\},j=0,1,2,\cdots$，若极限概率 $p_j = \lim_{t\to\infty} P\{X(t)=j\}$ 存在，且 $p_0+p_1+p_2+\cdots+p_j+\cdots=1$，则称该生灭过程是正常返的，此时 $\{p_j,j \geqslant 0\}$ 为该生灭过程的平稳概率分布。

2. 拟生灭过程理论的基本概念

经典生灭过程讨论了一维状态空间下有生灭规律的系统特征，然而在复杂的现实经济社会中，系统的状态空间往往具有多维的特征，其状态转移更为复杂。因此，国内外学者开始对二维状态空间下的系统生灭规律进行研究。对于一个二维马尔可夫链 $\{X(t),Y(t),\ t \geqslant 0\}$，其状态空间 $\Omega = \{(k,j):k \geqslant 0, j=0,1,2,\cdots,m\}$。该状态空间内的一个状态集合 $\{(k,0),(k,1),\cdots,(k,m)\}$ 称为该二维马尔可夫链的水平 $k,k \geqslant 0$。将状态按字典序排列后，其无穷小生成元为下列三对角线形式[81]：

$$Q = \begin{pmatrix} A_0 & C_0 & & & & \\ B_1 & A_1 & C_1 & & & \\ & B_2 & A_2 & C_2 & & \\ & & \ddots & \ddots & \ddots & \\ & & & B_n & A_n & C_n \\ & & & & \ddots & \ddots & \ddots \end{pmatrix}$$

Q 矩阵中所有子块是 $m+1$ 阶方阵，其中矩阵 A_n 中有负的对角线元素和非负的对角线元素，并且行和为非正；矩阵 B_n 和 C_n 都是非负矩阵，且满足 $(A_0+C_0)e =$

$(A_n + B_n + C_n)e = 0, n \geqslant 1, e$ 为单位向量。此时，称二维马尔可夫链 $\{X(t), Y(t),\ t \geqslant 0\}$ 是一个拟生灭过程，其中 $X(t)$ 称为该过程在时刻 t 的水平，$Y(t)$ 称为该过程在时刻 t 的阶段。若极限概率 $p_{kj} = \lim\limits_{t \to \infty} P\{X(t) = k, Y(t) = j\}$ 存在，此时 $\{p_{kj}, k \geqslant 0, j = 0, 1, 2, \cdots, m\}$ 为该拟生灭过程的平稳概率分布。

在废旧机电产品回收群体演化博弈中，博弈状态是指两群体的策略组合，而不同的策略组合是以各群体中选择对应的某一策略的人数表示的，因此，两群体演化博弈对应的拟生灭过程的状态转移可以表示成图 6.2。

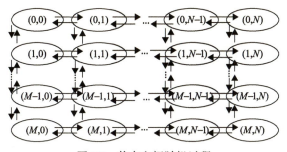

图 6.2　状态空间随机过程

3. 拟生灭过程对应的平稳概率分布求解

平稳概率分布可以描述拟生灭过程的特征，因此，平稳概率分布的求解十分重要。Gaussian 消元法是线性代数中的一个算法，其原理就是通过线性方程组的初等变换对等式进行变换，从而转化为容易求解得方程组。研究采用分块矩阵的 Gaussian 消元方法进行平稳概率分布求解，具有求解原理简单、迭代步骤较少、计算速度较快的优点。对拟生灭过程求解平稳概率分布时，采用 Gaussian 消元法对 Q 矩阵进行处理。

假设从第 j 步分块消元步骤开始，H_{jj} 为主对角线上矩阵，对应 Q 矩阵中的 A_j，则第 j 步 Gaussian 消元的基本过程如下[82]。

(1) 矩阵 H_{jj} 经 LU 分解（LU decomposition）为 $L_{jj}U_{jj}$，其中 L_{jj} 为下三角矩阵，U_{jj} 为上三角矩阵。

(2) 消去矩阵 $H_{j+1,j}$ 中的非零元素。

$$H_{j+1,j} \leftarrow H_{j+1,i} - H_{j+1,j}(H_{jj})^{-1} H_{ji}, \quad i = j, j+1, \cdots, N$$

(3) 根据递推关系 $L_{jj}U_{jj}x_j + H_{j,j+1}x_j + \cdots + H_N x_N = 0$，计算 x_j 的值。

$$Q = \begin{pmatrix} L_{00}U_{00} & H_{01} & H_{02} & \cdots & H_{0j} & H_{0,j+1} & H_{0,j+2} & \cdots & H_{0,N-1} & H_{0N} \\ 0 & L_{11}U_{11} & H_{12} & \cdots & H_{1j} & H_{1,j+1} & H_{1,j+2} & \cdots & H_{1,N-1} & H_{1N} \\ \vdots & \vdots & \vdots & & \vdots & \vdots & \vdots & & \vdots & \vdots \\ 0 & 0 & 0 & \cdots & L_{jj}U_{jj} & H_{j,j+1} & H_{j,j+2} & \cdots & H_{j,N-1} & H_{jN} \\ 0 & 0 & 0 & \cdots & 0 & H_{j+1,j+1} & H_{j+1,j+2} & \cdots & H_{j+1,N-1} & H_{j+1,N} \\ 0 & 0 & 0 & \cdots & 0 & 0 & H_{j+2,j+2} & \cdots & H_{j+2,N-1} & H_{j+2,N} \\ \vdots & \vdots & \vdots & & \vdots & \vdots & \vdots & & \vdots & \vdots \\ 0 & 0 & 0 & \cdots & 0 & 0 & 0 & \cdots & H_{N-1,N-1} & H_{N-1,N} \\ 0 & 0 & 0 & \cdots & 0 & 0 & 0 & \cdots & 0 & H_{NN} \end{pmatrix}$$

6.2　具有直接相关性的再制造商与回收商群体演化博弈研究

对于具有直接相关性的再制造商与回收商两群体演化博弈问题，研究的基本思路如下：首先，构建基于拟生灭过程的再制造商与回收商两群体演化博弈模型，并采用 Gaussian 消元法进行模型求解；其次，探讨两群体博弈的长期演化稳定策略，着重分析群体收益矩阵、策略学习程度及策略变异率对其影响；最后，分析再制造商与回收商两群体演化博弈存在的主要问题，提出相应的政府激励对策及措施。

6.2.1　具有直接相关性的再制造商与回收商群体演化博弈建模及求解

1. 问题描述及基本假设

1）问题描述

在废旧机电产品回收系统中，再制造商群体以一定协议回收价格从回收商群体处购买废旧机电产品，形成一种随时间而改变的动态演化博弈问题。在再制造商与回收商群体演化博弈中，再制造商群体 P_1 的人口规模为 M_1，具有策略集合 $S_1 = \{合作(s_{11})，不合作(s_{12})\}$；回收商群体 P_2 的人口规模为 M_2，同样具有策略集合 $S_2 = \{合作(s_{21})，不合作(s_{22})\}$。在某一时刻 t，采用 $m_1(t)$ 表示 t 时刻再制造商群体 P_1 选择 s_{11} 策略的人数，$m_2(t)$ 表示 t 时刻回收商群体 P_2 中选择 s_{21} 策略的人数，$m(t) = (m_1(t), m_2(t))$ 表示两群体的博弈状态。由于博弈双方群体采用策略不同，其收益结构也有所差异，具体如下。

A. 再制造商群体 P_1 的收益构成

当再制造商选择合作策略 s_{11} 时，以协议回收价格 p_c 从回收商处购买废旧机电产品，回收数量为 q_c。回收产品经过再制造后全部销售，其再制造单位生产成本

为 v_2。若再制造商选择合作策略而积极开展回收,其可以改进产品设计使销量增加到 q_z;若再制造商选择不合作策略 s_{12},则按照正常的单位制造成本 v_1($v_2 < v_1$) 进行生产,以销售价格 p_0 进行销售,销售量为 q_0($q_0 = q_z - q_c$)。

B. 回收商群体 P_2 的收益构成

若回收商选择合作策略 s_{21} 时,可以从再制造商手中获得回收报酬 $p_c q_c$,单位产品回收成本为 p_h;若回收商选择不合作策略 s_{22},则将废旧机电产品通过低价转售获利 π_0。此时,若再制造商采取合作策略 s_{11},再制造从回收商处得到的废旧机电产品数量减少为 q_{c0}($q_{c0} = k_1 q_c$,k_1 为回收商消极对待合作时的消极因子,$0 < k_1 \leqslant 1$),而回收商将其余部分的回收产品低价转卖,回收获利总和为 π_1;若再制造商采取不合作策略 s_{12},则单位再制造成本为原先的 v_1,回收价格降为 p_{cc}($p_{cc} = k_2 p_c$,k_2 为再制造商消极对待回收合作时的消极因子,$0 < k_2 \leqslant 1$)。

2) 模型基本假设

(1) 再制造商与回收商具有有限理性。由于具有有限理性,再制造商与回收商群体的参与人无法精确预测博弈环境,对于其采取不同策略所得收益的差异仅是有限的认知,因此在博弈的过程中主要通过学习机制来寻找最优策略。

(2) 群体内部的参与人易受"惰性"与"突变"的影响与干扰。"惰性"即参与人不能立刻对市场结构变动做出最优反应,采取维持既有策略不变。"突变"即部分个体当遭受外界不可测的随机因素干扰时,会做出不同于群体的策略调整。

(3) 在足够短时间内,每次只有单个群体的一个参与人可改变策略,并且只能转移到相邻状态,每个时刻的状态改变具有无后效性,即当前状态只与前一个状态有关,与其他状态无关。

2. 再制造商群体与回收商群体演化博弈模型构建

再制造商群体与回收商群体演化博弈问题,是一项较为复杂的系统过程。为了客观、真实反映群体演化博弈的具体过程,研究构建了基于拟生灭过程的再制造商与回收商群体演化博弈模型,其主要建模步骤如下。

1) 构建再制造商与回收商两群体演化博弈对应的拟生灭过程状态空间

利用拟生灭过程的相关知识,可以构造再制造商与回收商群体演化博弈对应的拟生灭过程状态空间为

$$Z = \{(0,0),(0,1),\cdots,(0,M_2);(1,0),(1,1),\cdots,(1,M_2);\cdots;(M_1,0),(M_1,1),\cdots,(M_1,M_2)\}$$

2) 构造再制造商与回收商两群体的收益矩阵

根据问题描述,首先构造再制造商与回收商两群体演化博弈的收益矩阵如表 6.1 所示。

表 6.1　再制造商与回收商群体演化博弈的收益矩阵

		回收商群体 P_2	
		合作（s_{21}）	不合作（s_{22}）
再制造商群体 P_1	合作（s_{11}）	$(p_0 - p_c - v_2)q_c + (p_0 - v_2)q_0$, $(p_c - p_h)q_c$	$(p_0 - p_c - v_2)k_1q_c + (p_0 - v_2)q_0$, $\pi_1 + p_c k_1 q_c - p_h q_c$
	不合作（s_{12}）	$(p_0 - k_2 p_c - v_1)q_c + (p_0 - v_1)q_0$, $(k_2 p_c - p_h)q_c$	$(p_0 - v_1)q_0$, $\pi_0 - p_h q_c$

为了方便后期建模及分析讨论，首先考虑进行如下转化

$$
\begin{aligned}
a_1 &= (p_0 - p_c - v_2)q_c + (p_0 - v_2)q_0 \\
b_1 &= (p_0 - p_c - v_2)k_1 q_c + (p_0 - v_2)q_0 \\
c_1 &= (p_0 - k_2 p_c - v_1)q_c + (p_0 - v_1)q_0 \\
d_1 &= (p_0 - v_1)q_0 \\
a_2 &= (p_c - p_h)q_c \\
b_2 &= (k_2 p_c - p_h)q_c \\
c_2 &= \pi_1 + p_c k_1 q_c - p_h q_c \\
d_2 &= \pi_0 - p_h q_c
\end{aligned}
\tag{6.1}
$$

通过计算（$a_i - c_i$）和（$b_i - d_i$）的值（其中 $i = 1,2$），可以分别得出再制造商和回收商群体选择不同策略时带来的收益差异。

$$
\begin{aligned}
a_1 - c_1 &= (v_1 - v_2)(q_c + q_0) - (1 - k_2)p_c q_c \\
b_1 - d_1 &= (p_0 - v_2)k_1 q_c + (v_1 - v_2)q_0 - k_1 p_c q_c \\
a_2 - c_2 &= (1 - k_1)p_c q_c - \pi_1 \\
b_2 - d_2 &= k_2 p_c q_c - \pi_0
\end{aligned}
\tag{6.2}
$$

其中，（$a_1 - c_1$）的经济含义为：当回收商选择合作时，再制造商选择合作比不合作所节约的制造成本与多支出的回收成本之间的差值。（$b_1 - d_1$）的经济含义为：当回收商选择不合作时，再制造商选择合作比不合作所获回收产品的收益及节约的制造成本与支付的回收成本之间的差值。（$a_2 - c_2$）和（$b_2 - d_2$）的经济含义分别为：再制造商选择合作时，回收商选择合作比不合作所得回收报酬的差值；再制造商选择不合作时，回收商选择合作比不合作所得回收报酬的差值。

为了方便后期计算分析，可做出如下简化：

$$\Delta\pi_{v0} = (v_1 - v_2)q_0$$
$$\Delta\pi_{v0+c} = (v_1 - v_2)(q_0 + q_c)$$
$$\pi_c = p_c q_c \tag{6.3}$$
$$B_c = (p_0 - v_2)k_1 q_c$$

则式 (6.2) 可以写成如下形式:

$$a_1 - c_1 = \Delta\pi_{v0+c} - (1 - k_2)\pi_c$$
$$b_1 - d_1 = B_c + \Delta\pi_{v0} - k_1\pi_c$$
$$a_2 - c_2 = (1 - k_1)\pi_c - \pi_1 \tag{6.4}$$
$$b_2 - d_2 = k_2\pi_c - \pi_0$$

3) 计算再制造商群体和回收群体的期望收益

在再制造商群体中,参与人无法确定回收商群体参与人选择何种纯策略,预测其将以混合策略 $\left(\dfrac{m_2(t)}{M_2}s_{21}, \dfrac{M_2 - m_2(t)}{M_2}s_{22}\right)$ 参加博弈,则再制造商群体参与人选择 s_{11} 及 s_{12} 期望收益为

$$\pi_{s_{11}}(m(t)) = \frac{a_1 m_2(t) + b_1(M_2 - m_2(t))}{M_2} \tag{6.5}$$

$$\pi_{s_{12}}(m(t)) = \frac{c_1 m_2(t) + d_1(M_2 - m_2(t))}{M_2} \tag{6.6}$$

同理可得回收商群体参与人的选择 s_{21} 及 s_{22} 时期望收益为

$$\pi_{s_{21}}(m(t)) = \frac{a_2 m_1(t) + b_2(M_1 - m_1(t))}{M_1} \tag{6.7}$$

$$\pi_{s_{22}}(m(t)) = \frac{c_2 m_1(t) + d_2(M_1 - m_1(t))}{M_1} \tag{6.8}$$

4) 构造再制造商群体与回收商群体的策略转移率

根据前面的模型假设,定义突变率和学习程度。其中,突变率 ε 为博弈参与人在随机干扰、失误或自身"惰性"的情况下偏离当前群体所选择策略的概率,$0 < \varepsilon < 1$;学习程度 κ 为博弈参与人在不同策略情况下,对不同收益的差距的认识程度,$0 \leqslant \kappa \leqslant 1$。引入突变率 ε 和学习程度 κ,群体中发生策略转移的人数为"突变"人数加上通过观察学习"进化"的人数,故策略转移率为策略突变率与学习

程度 κ 之和。在 t 时刻，设再制造商群体中选择策略 s_{12} 的参与人转而选择策略 s_{11} 的策略转移率为 $\lambda_1(m(t))$，而选择选择策略 s_{11} 的参与人转而选择策略 s_{12} 的策略转移率为 $\mu_1(m(t))$：

$$\lambda_1(m(t)) = \varepsilon + \kappa \left[\pi_{s_{11}}(m(t)) - \pi_{s_{12}}(m(t)) \right]^+ \tag{6.9}$$

$$\mu_1(m(t)) = \varepsilon + \kappa \left[\pi_{s_{12}}(m(t)) - \pi_{s_{11}}(m(t)) \right]^+ \tag{6.10}$$

同理可得，在 t 时刻，回收商群体中选择策略 s_{22} 的参与人转而选择策略 s_{21} 的策略转移率为 $\lambda_2(m(t))$，选择策略 s_{21} 的参与人转而选择策略 s_{22} 的策略转移率为 $\mu_2(m(t))$：

$$\lambda_2(m(t)) = \varepsilon + \kappa \left[\pi_{s_{21}}(m(t)) - \pi_{s_{22}}(m(t)) \right]^+ \tag{6.11}$$

$$\mu_2(m(t)) = \varepsilon + \kappa \left[\pi_{s_{22}}(m(t)) - \pi_{s_{21}}(m(t)) \right]^+ \tag{6.12}$$

5）构造再制造商与回收商两群体对应的拟生灭过程

此时对应的拟生灭过程的无穷小生成元 Q 为

$$Q = \begin{pmatrix} A_{00} & A_{01} & 0 & 0 & \cdots & 0 & 0 & 0 & \cdots & 0 & 0 & 0 \\ A_{10} & A_{11} & A_{12} & 0 & \cdots & 0 & 0 & 0 & \cdots & 0 & 0 & 0 \\ 0 & A_{21} & A_{22} & A_{23} & \cdots & 0 & 0 & 0 & \cdots & 0 & 0 & 0 \\ \vdots & \vdots & \vdots & \vdots & & \vdots & \vdots & \vdots & & \vdots & \vdots & \vdots \\ 0 & 0 & 0 & 0 & \cdots & A_{j,j-1} & A_{jj} & A_{j,j+1} & \cdots & 0 & 0 & 0 \\ \vdots & \vdots & \vdots & \vdots & & \vdots & \vdots & \vdots & & \vdots & \vdots & \vdots \\ 0 & 0 & 0 & 0 & \cdots & 0 & 0 & 0 & \cdots & A_{M_1-1,M_2-2} & A_{M_1-1,M_2-1} & A_{M_1-1,M_2} \\ 0 & 0 & 0 & 0 & \cdots & 0 & 0 & 0 & \cdots & 0 & A_{M_1,M_2-1} & A_{M_1 M_2} \end{pmatrix} \tag{6.13}$$

其中，A_{jj} 为水平 j 内部的转移，表示如下：

$$A_{jj} = \begin{pmatrix} -f(0,j) & \lambda_1(0) & 0 & 0 & \cdots & 0 & 0 & 0 & \cdots & 0 & 0 & 0 \\ \mu_1(1) & -f(1,j) & \lambda_1(1) & 0 & \cdots & 0 & 0 & 0 & \cdots & 0 & 0 & 0 \\ 0 & \mu_1(2) & -f(2,j) & \lambda_1(2) & \cdots & 0 & 0 & 0 & \cdots & 0 & 0 & 0 \\ \vdots & \vdots & \vdots & \vdots & & \vdots & \vdots & \vdots & & \vdots & \vdots & \vdots \\ 0 & 0 & 0 & 0 & \cdots & \mu_1(i) & -f(i,j) & \lambda_1(i) & \cdots & 0 & 0 & 0 \\ \vdots & \vdots & \vdots & \vdots & & \vdots & \vdots & \vdots & & \vdots & \vdots & \vdots \\ 0 & 0 & 0 & 0 & \cdots & 0 & 0 & 0 & \cdots & \mu_1(M_1-1) & -f(M_1-1,j) & \lambda_1(M_1-1) \\ 0 & 0 & 0 & 0 & \cdots & 0 & 0 & 0 & \cdots & 0 & \mu_1(M_1) & -f(M_1,j) \end{pmatrix} \tag{6.14}$$

$A_{j,j+1}$ 为水平 j 向水平 $j+1$ 的转移，表示如下：

$$A_{j,j+1} = \begin{pmatrix} \lambda_2(0) & & & \\ & \lambda_2(1) & & \\ & & \ddots & \\ & & & \lambda_2(M_1) \end{pmatrix} \tag{6.15}$$

$A_{j,j-1}$ 为水平 j 向水平 $j-1$ 的转移，表示如下：

$$A_{j,j-1} = \begin{pmatrix} \mu_2(0) & & & \\ & \mu_2(1) & & \\ & & \ddots & \\ & & & \mu_2(M_1) \end{pmatrix} \tag{6.16}$$

矩阵 A_{jj} 中的 $f(i,j)$ 表示转移率函数，其定义如下：

$$f(i,j) = \begin{cases} \lambda_2(0) + \lambda_1(0), & i=0, j=0 \\ \lambda_2(0) + \lambda_1(j) + \mu_2(0), & i=0, 0<j<M_2 \\ \lambda_1(M_2) + \mu_2(0), & i=0, j=M_2 \\ \lambda_2(i) + \lambda_1(0) + \mu_1(0), & 0<i<M_1, j=0 \\ \lambda_2(i) + \lambda_1(j) + \mu_2(i) + \mu_1(j), & 0<i<M_1, 0<j<M_2 \\ \lambda_1(M_2) + \mu_2(i) + \mu_1(M_2), & 0<i<M_1, j=M_2 \\ \lambda_2(M_1) + \mu_1(0), & i=M_1, j=0 \\ \lambda_2(M_1) + \mu_2(M_1) + \mu_1(j), & i=M_1, 0<j<M_2 \\ \mu_2(M_1) + \mu_1(M_2), & i=M_1, j=M_2 \end{cases} \tag{6.17}$$

3. 基于 Gaussian 消元的再制造商与回收商群体演化博弈模型求解

1）算法设计的基本思路

再制造商与回收商群体演化博弈的目标是寻求最优策略。平稳概率分布对应于每一个博弈状态下的平稳概率，其概率值越大，说明该博弈状态对应的策略组合越受到群体的认同。因此，可以根据这一规律寻得最优策略。平稳概率分布 $P = (p_{ij}, i=0,\cdots,n; j=0,\cdots,n)$ 的求解过程是算法设计的难点。有鉴于此，提出了如下的算法设计解决思路。

第一，将平稳分布概率 P 分解成块：

$$P = (x_0, x_1, \cdots, x_n)$$

第二，根据拟生灭过程的正常返特性及所有状态的概率之和为 1，可得平衡方程 $PQ = 0$，$Pe = 1$，具体展开形式如下：

$$\begin{cases} x_0 A_{00} + x_1 A_{10} = 0 \\ x_{i-1} A_{i-1,i} + x_i A_{ii} + x_{i+1} A_{i+1,i} = 0, \ i = 1, \cdots, N-1 \\ Pe = 1 \end{cases} \tag{6.18}$$

将式（6.14）写成矩阵形式，则无穷小生成元矩阵为

$$Q = \begin{pmatrix} A_{00} & A_{01} & 0 & 0 & \cdots & 0 & 0 & 0 & \cdots & 0 & 0 & 0 \\ A_{10} & A_{11} & A_{12} & 0 & \cdots & 0 & 0 & 0 & \cdots & 0 & 0 & 0 \\ 0 & A_{21} & A_{22} & A_{23} & \cdots & 0 & 0 & 0 & \cdots & 0 & 0 & 0 \\ \vdots & \vdots & \vdots & \vdots & & \vdots & \vdots & \vdots & & \vdots & \vdots & \vdots \\ 0 & 0 & 0 & 0 & \cdots & A_{j,j-1} & A_{jj} & A_{j,j+1} & \cdots & 0 & 0 & 0 \\ \vdots & \vdots & \vdots & \vdots & & \vdots & \vdots & \vdots & & \vdots & \vdots & \vdots \\ 0 & 0 & 0 & 0 & \cdots & 0 & 0 & 0 & \cdots & A_{N-1,N-2} & A_{N-1,N-1} & A_{N-1,N} \\ 0 & 0 & 0 & 0 & \cdots & 0 & 0 & 0 & \cdots & 0 & A_{N,N-1} & A_{NN} \end{pmatrix} \tag{6.19}$$

将其改写成 $Q^{\mathrm{T}} x^{\mathrm{T}} = Q^{\mathrm{T}} y = 0$，即

$$Q^{\mathrm{T}} y = \begin{pmatrix} A_{00}^{\mathrm{T}} & A_{10}^{\mathrm{T}} & 0 & 0 & \cdots & 0 & 0 & 0 & \cdots & 0 & 0 & 0 \\ A_{10}^{\mathrm{T}} & A_{11}^{\mathrm{T}} & A_{12}^{\mathrm{T}} & 0 & \cdots & 0 & 0 & 0 & \cdots & 0 & 0 & 0 \\ 0 & A_{21}^{\mathrm{T}} & A_{22}^{\mathrm{T}} & A_{23}^{\mathrm{T}} & \cdots & 0 & 0 & 0 & \cdots & 0 & 0 & 0 \\ \vdots & \vdots & \vdots & \vdots & & \vdots & \vdots & \vdots & & \vdots & \vdots & \vdots \\ 0 & 0 & 0 & 0 & \cdots & A_{j,j-1}^{\mathrm{T}} & A_{jj}^{\mathrm{T}} & A_{j,j+1}^{\mathrm{T}} & \cdots & 0 & 0 & 0 \\ \vdots & \vdots & \vdots & \vdots & & \vdots & \vdots & \vdots & & \vdots & \vdots & \vdots \\ 0 & 0 & 0 & 0 & \cdots & 0 & 0 & 0 & \cdots & A_{N-1,N-2}^{\mathrm{T}} & A_{N-1,N-1}^{\mathrm{T}} & A_{N-1,N}^{\mathrm{T}} \\ 0 & 0 & 0 & 0 & \cdots & 0 & 0 & 0 & \cdots & 0 & A_{N,N-2}^{\mathrm{T}} & A_{NN}^{\mathrm{T}} \end{pmatrix} \begin{bmatrix} y_0 \\ y_1 \\ y_2 \\ \vdots \\ y_j \\ \vdots \\ y_{N-1} \\ y_N \end{bmatrix} = 0 \tag{6.20}$$

2）算法的具体求解步骤

根据 6.1.2 小节中的"3. 拟生灭过程对应的平稳概率分布求解"可以得出：$A_{j+1,j+1}^{\mathrm{T}} = A_{j+1,j+1}^{\mathrm{T}} - A_{j+1,j}^{\mathrm{T}} A_{jj}^{-1} A_{j,j+1}^{\mathrm{T}}$。为了消去第 j 列的 $A_{j+1,j}^{\mathrm{T}}$，采用 LU 分解法，具体步骤如下。

步骤 1：j 从 0 到 $N-1$ 对 A_{jj}^{T} 进行 LU 分解并更新 $A_{j+1,j+1}^{\mathrm{T}}$：

$$L_{jj} U_{jj} = A_{jj}^{\mathrm{T}} \tag{6.21}$$

$$A_{j+1,j+1}^{\mathrm{T}} = A_{j+1,j+1}^{\mathrm{T}} - A_{j+1,j}^{\mathrm{T}} U_{jj}^{-1} L_{jj}^{-1} A_{j,j+1}^{\mathrm{T}} \tag{6.22}$$

步骤 2：$j = N$ 时，对其 LU 分解：

$$L_{NN} U_{NN} = A_{NN}^{\mathrm{T}} \tag{6.23}$$

步骤 3：经过分块矩阵的 Gaussian 消元，生成元矩阵变为如下形式：

$$\begin{pmatrix} L_{00}U_{00} & A_{10}^{\mathrm{T}} & 0 & 0 & \cdots & 0 & 0 & 0 \\ 0 & L_{11}U_{11} & A_{21}^{\mathrm{T}} & 0 & \cdots & 0 & 0 & 0 \\ 0 & 0 & L_{22}U_{22} & A_{32}^{\mathrm{T}} & \cdots & 0 & 0 & 0 \\ \vdots & \vdots & \vdots & \vdots & \vdots & \vdots & & \vdots \\ 0 & 0 & 0 & 0 & \cdots & 0 & L_{N-1,N-1}U_{N-1,N-1} & A_{N,N-1}^{\mathrm{T}} \\ 0 & 0 & 0 & 0 & \cdots & 0 & 0 & L_{NN}U_{NN} \end{pmatrix} \quad (6.24)$$

步骤 4：采用式(6.25)回代求解 y：

$$\begin{cases} L_{jj}U_{jj}y_j + A_{j,j+1}^{\mathrm{T}} = 0, & j = 0, \cdots, N-1 \\ L_{NN}U_{NN}y_N = 0 \end{cases} \quad (6.25)$$

步骤 5：根据 $ye = 1$，归一化求解获得拟生灭过程的状态概率分布 P。

6.2.2　再制造商与回收商群体演化博弈的长期稳定策略分析

1. 阶段博弈的收益结构对长期演化稳定策略的影响

由于再制造商与回收商群体中的个体在选择策略时，主要是根据不同策略所能带来的期望收益高低，本节在一次阶段博弈策略分析的基础上，主要研究阶段博弈的收益结构对长期演化稳定策略的影响。

1) 再制造商与回收商群体的一次阶段博弈策略分析

根据式(6.4)加以分析，可以得到如下结论。

A. 再制造商群体的一次阶段博弈策略分析

当 $\dfrac{\Delta\pi_{v0+c}}{1-k_2} < \pi_c$ 且 $\dfrac{B_c + \Delta\pi_{v0}}{k_1} < \pi_c$ 时，$(a_1 - c_1)(b_1 - d_1) > 0$，再制造商群体具有严格占优策略 s_{11}。

当 $\dfrac{\Delta\pi_{v0+c}}{1-k_2} > \pi_c$ 且 $\dfrac{B_c + \Delta\pi_{v0}}{k_1} > \pi_c$ 时，$(a_1 - c_1)(b_1 - d_1) > 0$，再制造商群体具有严格占优策略 s_{12}。

当 $\dfrac{\Delta\pi_{v0+c}}{1-k_2} < \pi_c < \dfrac{B_c + \Delta\pi_{v0}}{k_1}$ 或 $\dfrac{B_c + \Delta\pi_{v0}}{k_1} < \pi_c < \dfrac{\Delta\pi_{v0+c}}{1-k_2}$ 时，$(a_1 - c_1)(b_1 - d_1) < 0$，再制造商群体具有两个纯策略。

B. 回收商群体的一次阶段博弈策略分析

当 $\dfrac{\pi_1}{1-k_1} < \pi_c$ 且 $\dfrac{\pi_0}{k_2} < \pi_c$ 时，$(a_2 - c_2)(b_2 - d_2) > 0$，回收商群体具有严格占优策略 s_{21}。

当 $\dfrac{\pi_1}{1-k_1} > \pi_c$ 且 $\dfrac{\pi_0}{k_2} > \pi_c$ 时，$(a_2-c_2)(b_2-d_2) > 0$，回收商群体具有严格占优策略 s_{22}。

当 $\dfrac{\pi_1}{1-k_1} < \pi_c < \dfrac{\pi_0}{k_2}$ 或 $\dfrac{\pi_0}{k_2} < \pi_c < \dfrac{\pi_1}{1-k_1}$ 时，$(a_2-c_2)(b_2-d_2) < 0$，回收商群体具有两个纯策略。

2) 再制造商与回收商群体的长期演化稳定策略分析

A. 再制造商与回收商群体都具有严格占优策略时，两群体的长期演化稳定策略分析

由于群体演化博弈的复杂多样性，为了有效展示分析结论，研究采用算例形式进行相应的分析。以下部分采用同样的研究方法，不再赘述。

● 算例基本情况

算例 1：在废旧机电产品回收演化博弈过程中，再制造商群体 P_1 的人口规模为 $M_1=6$，回收商群体 P_2 的人口规模为 $M_2=6$，取突变率 $\varepsilon=0.1$、学习程度 $\kappa=1$，两群体的收益矩阵为

$$A = \begin{bmatrix} (30,20) & (10,8) \\ (20,10) & (8,4) \end{bmatrix}$$

因为 $a_1-c_1=10$，$b_1-d_1=2$，$a_2-c_2=12$，$b_2-d_2=6$，即 $a_i-c_i>0$ 且 $b_i-d_i>0$，所以此时再制造商与回收商群体都具有严格占优策略。代入再制造商群体与回收商群体演化博弈模型，采用 Gaussian 消元计算，可得演化博弈策略的稳定概率分布矩阵 P。由于 P 中 p_{ij} 表示再制造商群体 P_1 中 i 个参与人选择 s_{11}，且回收商群体 P_2 中 j 个参与人选择 s_{21} 的概率，而本节研究的是阶段博弈收益结构对不同群体长期稳定策略的影响，即研究 p_i 和 p_j 的变化趋势，以 p_i 表示再制造商群体 P_1 中 i 个参与人选择 s_{11} 的概率，p_j 表示回收商群体 P_2 中 j 个参与人选择 s_{21} 的概率，计算公式如下：

$$p_i = \sum_{j=0}^{M_2} p_{ij}, i=0,1,\cdots,M_1, \quad p_j = \sum_{i=0}^{M_1} p_{ij}, j=0,1,\cdots,M_2$$

根据式(6.18)～式(6.25)，求得再制造商和回收商群体分别采用第一种策略的人数概率，并绘制分布图(图 6.3)。

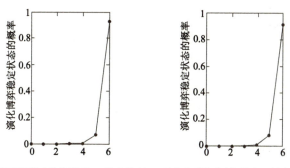

图 6.3　再制造商与回收商均具有严格占优策略时的长期演化稳定策略概率分布

- **算例结果分析及结论**

由图 6.3 可知，再制造商与回收商群体参与人全部选择第一种策略的概率分别为 92.81% 和 90.93%，也就是说，以趋近于 1 的概率收敛于各自的严格占优策略 s_{11}（合作）和 s_{21}（合作）。由此，可以得出结论 1。

结论 1　当再制造商群体与回收商群都具有严格占优策略时，两群体的长期演化稳定策略将以概率 1 收敛于各自的严格占优策略。

B. 再制造商与回收商群体中只有一个群体具有严格占优策略，两群体长期演化稳定策略分析

- **算例基本情况**

算例 2：在算例 1 基础上，修改再制造商与回收商两群体的收益矩阵 A，形成只有再制造商群体具有严格占优策略、回收商群体不存在占优策略的局面。

$$A = \begin{bmatrix} (30,8) & (10,20) \\ (20,10) & (8,4) \end{bmatrix}$$

代入模型重新计算，再制造商与回收商群体演化博弈策略的稳定概率分布如图 6.4 所示。

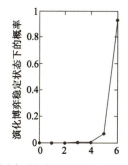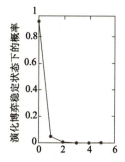

图 6.4　仅再制造商群体具有严格占优策略时的长期演化稳定策略概率分布

●算例结果分析及结论

从图 6.4 中可以发现，当再制造商群体参与人全部选择合作时，回收商群体参与人全部选择不合作，即选择策略 s_{21}（合作）的人数为 0 的概率为 95.15%。对此结果可以解释为：回收商此时没有占优策略，其最优策略依赖于再制造商的策略。若再制造商选择合作策略，则回收商的最优策略是不合作；若再制造商选择不合作，则回收商的最优策略是合作。由于再制造商群体的严格占优策略为 s_{11}（合作），演化过程中再制造商群体的策略必将收敛于该策略，回收商群体通过不断学习演化观察到这一信息，必将针对再制造商的严格占优策略选择其最优反应策略 s_{22}（不合作），这与重复剔除的占优均衡是一样的。由此可以获得如下结论。

结论 2 当再制造商群体与回收商群体中只有一个群体具有严格占优策略时，该群体的长期演化稳定策略收敛于该严格占优策略，而另一群体的长期演化稳定策略将收敛于其最优反应策略。

C. 再制造商群体与回收商群体存在两个纯策略，两群体的长期演化稳定策略分析

● 算例基本情况

算例 3：再制造商群体 P_1 的人口规模为 $M_1=6$，回收商群体 P_2 的人口规模为 $M_2=6$，$\varepsilon=0.1$，$\kappa=1$，两群体的收益矩阵为

$$A=\begin{bmatrix}(30,20) & (8,8) \\ (20,4) & (10,10)\end{bmatrix}$$

因为 $a_1-c_1=10$，$b_1-d_1=-2$，$a_2-c_2=12$，$b_2-d_2=-6$，此时 $a_i>c_i$、$b_i<d_i$ 且 $a_i+b_i>c_i+d_i$，所以再制造商与回收商群体阶段博弈具有两个纯策略纳什均衡，且对于两群体而言第一种策略 s_{i1} 对第二种策略 s_{i2} 严格风险占优。代入模型进行计算，结果如图 6.5 所示。

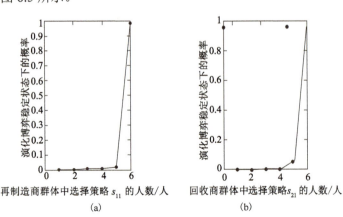

图 6.5 再制造商与回收商两群体具有两个纯策略纳什均衡时的长期演化稳定策略概率分布

- **算例结果分析及结论**

在算例 3 中，若再制造商选择合作策略 s_{11} 时，回收商就选择合作策略 s_{21}；若再制造商选择不合作(策略 s_{12})，则回收商也选择不合作(策略 s_{22})。因此，(合作，合作)及(不合作，不合作)都是其纳什均衡解。从计算结果来看，两群体演化博弈的稳定状态收敛于其中一个纳什均衡(合作，合作)，可见当再制造商和回收商对于对方的策略分布一无所知时，他们将基于风险规避原则选择严格风险占优策略即(合作，合作)，因为该策略组合下带给两群体更多的总收益：30+20>10+10。因此，可以得出如下结论。

结论 3　当再制造商与回收商群体在阶段博弈中存在两个纯策略纳什均衡时，两群体的长期演化稳定状态将收敛于能带给参与人总体更多收益的某个纳什均衡。

2. 学习程度 κ、突变率 ε 对再制造商及回收商两群体长期演化稳定策略的影响

根据再制造商与回收商群体演化博弈的问题描述及 Q 矩阵的构造可知，两群体长期演化稳定策略与其策略转移率有关。由策略转移率定义可知，两群体的学习程度 κ 及突变率 ε 直接决定了策略转移率的大小。本节采用数值算例分析再制造商群体及回收商群体的学习程度、突变率对长期演化稳定策略的影响。

1) 学习程度 κ 对再制造商及回收商两群体长期演化稳定策略的影响

- **算例基本情况**

算例 4：在算例 1 基础上，讨论学习程度 $\kappa = 0.1, 0.3, 0.5, 0.7, 0.9$ 的情况下长期稳定策略的概率变化情况，计算结果如表 6.2 和表 6.3 所示。

表 6.2　不同学习程度 κ 影响下的再制造商群体长期稳定策略概率分布

学习程度 κ	再制造商群体 P_1 选择 s_{11} 策略的人数 $m_1(t)$						
	0	1	2	3	4	5	6
0.1	0.0347	0.0284	0.0226	0.0319	0.0695	0.1912	0.6217
0.3	0.0111	0.005	0.006	0.0098	0.0212	0.1455	0.8014
0.5	0.0001	0.0015	0.0012	0.00609	0.0019	0.07641	0.9128
0.7	0.0008	0.0006	0.0006	0.0014	0.0146	0.0458	0.9362
0.9	0.001	0.0001	0.0002	0.0001	0.0028	0.0407	0.9551

表 6.3　不同学习程度 κ 影响下的回收商群体长期稳定策略概率分布

学习程度 κ	回收商群体 P_2 选择 s_{21} 策略的人数 $m_2(t)$						
	0	1	2	3	4	5	6
0.1	0.0000	0.0002	0.0008	0.0035	0.0148	0.1235	0.8572
0.3	0.0000	0.0000	0.0001	0.0024	0.0152	0.0557	0.9266
0.5	0.0000	0.0000	0.0001	0.0002	0.0031	0.0327	0.9639
0.7	0.0000	0.0000	0.0000	0.0000	0.0011	0.0216	0.9773
0.9	0.0000	0.0000	0.0000	0.0000	0.0008	0.0177	0.9815

对以上数据描绘坐标图，从而更为直观地分析影响概率分布的情况，如图 6.6 和图 6.7 所示。

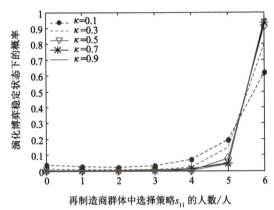

图 6.6　不同学习程度 κ 影响下的再制造商群体长期演化稳定策略概率变化趋势

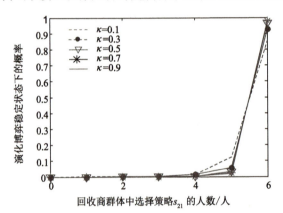

图 6.7　不同学习程度 κ 影响下的回收商群体长期演化稳定策略概率变化趋势

- **算例结果分析及结论**

分析图 6.6 和图 6.7 所示的长期演化稳定策略概率变化趋势可知以下几点。

(1) 当学习程度 $\kappa = 0.1$ 时，再制造商群体中参与人全部选择合作策略的长期稳定概率为 62.17%，5 个参与人选择合作、1 个参与人选择不合作时的概率为 19.12%，2 个参与人选择不合作策略、4 个参与人选择合作的概率为 6.95%；对回收商群体全部参与人选择合作的概率为 85.72%，5 个参与人选择合作、1 个参与人选择不合作时的概率为 12.35%，此时再制造商与回收商群体选择策略时出现明显的分歧。

(2) 当学习程度 κ 值逐渐增大到 0.9 时，再制造商与回收商群体中全部参与人选择合作策略的长期稳定概率不断增大至显著，以趋近于 1 的概率收敛于两群体博弈的占优战略均衡(合作，合作)。譬如，当学习程度 $\kappa = 0.9$ 时，再制造商群体全部选择合作的稳定概率为 95.51%，回收商群体全部选择合作的稳定概率为 98.15%。

由此可以总结获得如下结论。

结论4　学习程度 κ 反映了再制造商群体与回收商群体中参与人的理性程度，即对博弈环境、不同策略带来的收益差值、对手信息等了解程度。当 κ 趋近于 0 时，参与人的学习认知水平较低，决策的过程更多地受自身"懒惰"、外界干扰等因素影响，博弈的结果将取决于突变率 ε 的大小。κ 越大，参与人决策越理性。当 $\kappa=1$ 时，参与人策略转移率由突变率和收益差值决定。

2）突变率 ε 对再制造商及回收商两群体长期演化稳定策略的影响

● **算例基本情况**

算例 5：以算例 1 为基础，讨论突变率 $\varepsilon=0.1,0.5,1,2,4$ 几种情况下长期稳定策略的概率分布变化情况，计算结果如表 6.4 和表 6.5 所示。

表 6.4　不同突变率 ε 影响下的再制造商群体长期稳定策略概率分布

突变率 ε	再制造商群体 P_1 选择 s_{11} 策略的人数 $m_1(t)$						
	0	1	2	3	4	5	6
0.1	0.0001	0.0000	0.0000	0.0002	0.0008	0.0127	0.9862
0.5	0.0032	0.0004	0.0008	0.0011	0.0073	0.0568	0.9304
1.0	0.0085	0.0021	0.0022	0.0043	0.0182	0.0969	0.8678
2.0	0.0263	0.0098	0.0107	0.0071	0.0392	0.1502	0.7567
4.0	0.0644	0.0292	0.0354	0.0509	0.0676	0.1917	0.5608

表 6.5　不同突变率 ε 影响下的回收商群体长期稳定策略概率分布

突变率 ε	回收商群体 P_2 选择 s_{21} 策略的人数 $m_1(t)$						
	0	1	2	3	4	5	6
0.1	0.0000	0.0000	0.0000	0.0001	0.0006	0.0098	0.9895
0.5	0.0000	0.0000	0.0000	0.0000	0.0019	0.0282	0.9699
1.0	0.0000	0.0000	0.0000	0.0004	0.0041	0.0443	0.9512
2.0	0.0000	0.0000	0.0000	0.0001	0.0096	0.0764	0.9139
4.0	0.0000	0.0000	0.0000	0.0000	0.0263	0.1446	0.8291

对以上数据描绘坐标图，从而更为直观地分析影响概率分布的情况，如图 6.8 和图 6.9 所示。

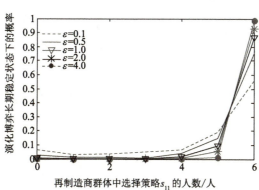

图 6.8　不同突变率 ε 影响下的再制造商群体长期演化稳定策略概率变化趋势

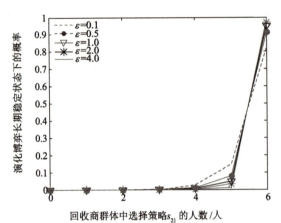

图 6.9　不同突变率 ε 影响下的回收商群体长期演化稳定策略概率变化趋势

● **算例结果分析及结论**

分析图 6.8 和图 6.9 所示的长期演化稳定策略概率变化趋势可知以下几点。

(1)当突变率 ε 趋近于 0 时，再制造商和回收商的决策行为高度一致。例如，突变率 $\varepsilon = 0.1$ 时，再制造商群体中参与人全部选择合作策略的概率为 98.62%，回收商群体中参与人全部选择合作策略的概率为 98.95%。

(2)当突变率 ε 值逐渐增大至显著水平时，再制造商与回收商群体参与人决策会出现分歧。例如，突变率 $\varepsilon = 4.0$ 时，再制造商群体参与人全部选择合作策略的概率仅为 56.08%，而群体内部有一个参与人选择不合作时的稳定概率高达 19.17%，此时在回收商群体中参与人全部选择合作策略的概率为 82.91%，群体中出现一个参与人选择不合作的概率为 14.46%。类似于学习程度变化对稳定策略概率分布的影响。

由此可以得出以下结论。

结论 5　突变率反映的是再制造商与回收商群体演化博弈过程的随机不确定性，当 ε 值趋近于 0 时，群体中参与人受外界干扰影响不大，具有高度一致的决策行为，博弈的过程与结果主要取决于参与人本身对博弈环境的学习认知及采用合作或不合作策略时带来的收益大小。当 ε 逐渐变大到达显著水平时，同一个群体中参与人策略选择会产生分歧。

6.2.3　再制造商与回收商群体演化博弈的对策与措施

1. 再制造商与回收商群体演化博弈存在的问题

借助 6.2.2 小节的研究结论，分析可知再制造商与回收商群体演化博弈过程中存在以下主要问题。

1)再制造商与回收商之间协议回收价格无法令双方满意，导致两者之间无法

实施(合作，合作)策略

由 6.2.2 小节第一部分分析可知,再制造商与回收商群体的长期演化稳定策略与一次阶段博弈的收益结构有十分密切的关系。在一次阶段博弈的收益结构中,协议回收价格是重要的影响因素。对再制造商而言,协议回收价格越高则其收益值越小,决策时再制造商选择不合作的可能性越高;对回收商而言,回收报酬是其策略选择的重要考虑因素,协议回收价格越高,从再制造商处获得的回收报酬越高,则其选择合作的可能性越高。显而易见,在协议回收价格方面,再制造商与回收商群体之间存在必然的内在的矛盾,要使回收价格同时满足双方的要求十分困难。因此,需要引入外部的经济激励,才能使再制造商与回收商群体采取(合作,合作)策略。

2)废旧机电回收市场管理不尽规范合理,回收秩序相对混乱,致使正规回收商难以参与回收合作

现阶段的废旧机电产品回收存在较为严重的回收秩序混乱现象。目前,从事废旧机电产品回收的群体主要包括正规的回收商(包括国家投资建立的大型废旧机电产品回收基地和具有合法资质的大型回收商)及大量的非正规私人回收商(即所谓的"回收游击队")。"回收游击队"凭借提供给消费者小幅度的回收价格优势和相对便捷的上门回收服务获得市面上大部分的废旧机电产品。"回收游击队"对废旧机电产品的不合适处理造成严重的环境污染,更为严重的是导致正规废旧机电产品回收基地及大型回收企业无"原材料"可收而造成投资巨大浪费,正规回收商难以参与回收合作。

3)再制造商和回收商群体内部及群体之间缺乏有效沟通交流,学习程度 κ 相对较低且突变率 ε 偏高,严重影响回收商和再制造商之间的合作

根据 6.2.2 小节第二部分分析可知,学习程度 κ 越高,突变率 ε 越低,则再制造商和回收商在作决策时越理性,两者之间采取合作的长期演化稳定策略概率越大。就目前情况而言,在废旧机电产品回收过程中,再制造商与回收商群体内部及两群体之间缺乏有效的沟通与交流,相互之间的学习较少,导致两群体无法了解和掌握双方的收益情况、策略突变情况等重要信息,这样造成目前再制造商和回收商群体的学习程度 κ 偏低和突变率 ε 偏高,严重影响了再制造商和回收商之间的合作。

2. 激励对策与措施

针对目前废旧机电产品回收存在的上述突出问题,提出以下政府激励对策与措施。

1)政府给予回收商群体一定的经济补贴并扩大补贴产品范围,为再制造商与

回收商之间实施(合作，合作)策略提供外部经济保障

　　针对目前协议回收价格无法协商一致导致再制造商与回收商难以开展合作的情况，建议政府给予回收商一定的价格补贴，这样可以有效增加回收商的收益。同时，考虑到当前政府主要针对冰箱、电视机、空调等废旧家用电器实施补贴，但是补贴的废旧机电产品种类较少，未来可以增加可补贴的产品种类和范围。这样促进回收商与再制造商实施(合作，合作)策略。政府给予回收商一定经济补贴后，回收商群体的长期演化稳定策略将发生变化，采用算例加以说明。

　　算例6：在算例2的基础上对回收商给予单位回收产品补贴价格 p_*，则其收益就增加了 $\pi_* = p_* q_c$，进行对比分析可得回收商群体的长期稳定策略概率分布对比结果，如图6.10所示。

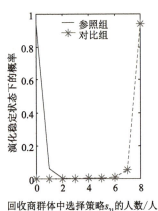

图6.10　对比组与参照组的对比结果

　　在算例2中，回收商群体的长期演化稳定策略是选择不与再制造商合作回收(图6.10中的参照组结果)。而经过政府给予补贴后，从图6.10中可以看出，回收商群体的长期演化稳定策略发生了改变，即选择与再制造商群体开展合作回收。由此说明政府的补贴行为是可行的、有效的，能够促使回收商群体选择更优的策略。

　　2)实施科学、有效的废旧机电产品回收市场监管，扩大回收规模与数量，为两群体开展回收合作提供强有力的外部市场保障

　　政府通过对废旧机电产品回收市场的科学规范监管，能够创造更有序的、更健康的回收环境。针对大量的非正规私人回收商(即所谓的"回收游击队")，可以考虑引导他们自建回收联合企业(由物资回收行业部门监管)、挂靠正规回收商等多种方式，对于其废旧机电产品回收进行科学整顿和规范，特别是对其严重污染环境的废旧机电产品非法处理行为实施坚决取缔和巨额罚款，从而有效克服他们对正常回收市场的干扰和破坏。这样可以有效增加正规回收商的产品回收规模

与数量，利用规模效应充分利用其巨额企业投资并有效降低产品回收成本，从而保证正规回收商愿意采用合作策略。与此同时，对于正规回收商和再制造商也需进一步严格监管。通过核查正规回收商的企业信息、回收能力、财务经营状况等重要信息，避免回收商潜存的财务风险并有效维护再制造商、消费者的利益。而对于再制造商的监管力度做到赏罚分明。积极开展合作回收的再制造商，政府可以将其树立为典型并给予表彰鼓励、财税优惠；消极应对与回收商合作回收的再制造商，可以考虑给予经济与行政处罚等方式督促其参与回收，从而保障废旧机电产品回收有序开展。

3) 多种形式增进再制造商和回收商群体之间的高效互动与交流，提高学习程度并有效控制突变率，为回收商和再制造商采用(合作，合作)策略提供内部动力保障

根据 6.2.2 小节的研究，提升学习程度并合理控制突变率是回收商和再制造商采用(合作，合作)策略的重要内在动力。针对该情况，我国政府应进一步采取以下多种形式搭建再制造商、回收商群体内部、群体之间交流的平台。

一是定期举办再制造国际对话和产业国际论坛。由工信部或国务院国资委等政府部门牵头，联合科技部、商务部等有关部门定期举办中美、中欧及中日再制造对话和国际再制造产业高峰论坛。这有助于我国政府与欧美发达国家和地区政府在再制造产业管理与政策制定等方面达成相互理解与共识，更为重要的是有利于中外再制造商之间、再制造商与回收商之间进一步开展深入交流与相互学习，实现互信与合作。

二是不定期召开废旧机电产品回收商专项研讨。目前，我国召开的再制造对话和国际再制造产业论坛主要面向再制造商，而针对回收商之间的沟通交流相对欠缺。因此，建议我国商务部和工信部共同牵头，组织召开面向再制造的废旧机电产品回收商专项研讨交流，实现回收商之间的沟通交流与信息共享，形成高效的学习机制与适度的策略突变选择。

三是组织回收与再制造主题推广活动。我国各级政府应全面支持与鼓励回收商和再制造商共同组织废旧机电产品回收及再制造主题推介活动，如再制造产品推广会、回收及再制造技术与装备展示等活动。利用这些活动，增进回收商与再制造商之间的交流。

通过再制造商和回收商群体内部、群体之间形式多样的互动与交流，增进两群体对演化博弈过程中双方收益结构变化、学习能力与学习习惯、策略突变主要诱导因素等关键信息的深入理解和把握，从而有效提高群体的学习程度 κ 和合理控制策略突变率 ε，进而为回收商和再制造商实施(合作，合作)策略提供内部动力保障。

6.3　具有策略相关性的再制造商与消费者群体演化博弈研究

6.3.1　具有策略相关性的再制造商与消费者群体演化博弈建模及求解

1. 问题描述及基本假设

1)问题描述

该演化博弈模型中,再制造商群体 P_1 的人口规模为 M_1,群体中的参与人具有策略集合 S_1 ={合作(s_{11}),不合作(s_{12})},其中 s_{11} 表示再制造商积极响应号召与回收商开展合作, s_{12} 表示消极应对不开展合作;消费者群体 P_3 的人口规模为 M_3,群体中的参与人具有策略组合 S_3 ={积极参与(s_{31}),消极参与(s_{32})}。在某一时刻 t,采用 $m_1(t)$ 表示 t 时刻再制造商群体 P_1 选择 s_{11} 策略的人数, $m_2(t)$ 表示 t 时刻回收商群体 P_2 中选择 s_{21} 策略的人数, $m(t)=(m_1(t),m_2(t))$ 表示两群体的博弈状态。由于博弈双方群体采用策略不同,其收益结构也有所差异,具体如下。

A. 再制造商群体 P_1 的收益构成

再制造商选择合作策略 s_{11} 时,以协议回收价格 p_c 从回收商处回收废旧机电产品,回收数量为 q_c。回收产品经过再制造后全部销售,单位产品再制造成本为 v_2,销售价格为 p_0。同时,因为积极开展回收改进了产品设计使销量还增加了 Δq。再制造商选择不合作策略 s_{12} 时,单位产品再制造成本为 v_1 ($v_2 < v_1$),销售价格不变为 p_0,销售量为 q_0。

B. 消费者群体 P_3 的收益构成

目前,市场上可回收的废旧机电产品数量固定为 q_c。消费者选择积极参策略 s_{31} 时,从回收商那里获得回收报酬每件 p_h;消费者选择消极参与 s_{32} 时,则可以从废旧机电产品中获取剩余使用价值 S,但同时由于产品过于老旧,使用过程中支付更多资源与能量费用 W 和维修费用 R。

2)模型基本假设

(1)再制造商与消费者是有限理性的参与人,并且会受"惰性"与"突变"的影响和干扰。

(2)再制造商与消费者两群体之间的博弈具有策略相关性,即通过彼此的信息传递间接影响各自的策略选择。

(3)再制造商与消费者群体中参与人依据当前选择某个策略的人数信息作决策,这种占主导地位的策略形成群体的一种"信念"。

2. 再制造商与消费者群体演化博弈模型构建

再制造商与消费者群体之间是具有策略相关性的共同演化。为了客观、真实反映群体演化博弈的具体过程，研究构建了基于拟生灭过程的再制造商与消费者群体演化博弈模型，其主要建模步骤如下。

1）构建再制造商与消费者群体共同演化对应的拟生灭过程的状态空间

利用 6.1.2 小节的拟生灭过程相关理论知识，可以构造再制造商与回收商群体演化博弈对应的拟生灭过程的状态空间为

$$Z = \left\{(0,0),(0,1),\cdots,(0,M_3);(1,0),(1,1),\cdots,(1,M_3);\cdots;(M_1,0),(M_1,1),\cdots,(M_1,M_3)\right\}$$

2）构造再制造商与消费者两群体的收益矩阵

A. 计算再制造群体的收益矩阵

当再制造商选择策略 s_{11} 时，可以获得的收入效用为 $p_0(q_0 + q_c + \Delta q)$，支付的成本效用为 $-p_c q_c - v_2(q_c + q_0 + \Delta q)$；当再制造商选择策略 s_{12} 时，获得的收入效用为 $p_0 q_0$，支付的成本效用为 $-v_1 q_0$。设投入市场上销售的产品、回收的废旧机电产品及增加的销量是固定的，则两个再制造商采用相同策略时，收入效用与支付效用平分。因此，两个再制造商都选择合作时，收益为

$$a_1 = \frac{(p_0 - p_c - v_2)q_c + (p_0 - v_2)(q_0 + \Delta q)}{2} \tag{6.26}$$

采取合作策略 s_{11} 与采取不合作策略 s_{12} 的再制造商相比，获得增加的收益 $p_0\left(q_c + \dfrac{\Delta q}{2}\right)$，因此有

$$b_1 = (p_0 - p_c - v_2)q_c + (p_0 - v_2)\left(\frac{q_0 + \Delta q}{2}\right) , \quad c_1 = (p_0 - v_1)\frac{q_0 + \Delta q}{2} \tag{6.27}$$

当两个再制造商都选择不合作策略 s_{12} 时，收益为

$$d_1 = (p_0 - v_1)\frac{q_0}{2} \tag{6.28}$$

根据以上假设，再制造商群体的收益矩阵如下

$$A_1 = \begin{bmatrix} \dfrac{(p_0 - p_c - v_2)q_c + (p_0 - v_2)(q_0 + \Delta q)}{2} & (p_0 - p_c - v_2)q_c + (p_0 - v_2)\left(\dfrac{q_0}{2} + \Delta q\right) \\ (p_0 - v_1)\dfrac{q_0 + \Delta q}{2} & (p_0 - v_1)\dfrac{q_0}{2} \end{bmatrix}$$

$$\tag{6.29}$$

B. 计算消费者群体的收益矩阵

对消费者群体而言，当两个消费者都积极采用参与或消极参与时，收入效用与支付效用平分，则对应收益为

$$a_3 = \frac{1}{2}p_h q_c , \quad d_3 = \frac{S-W-R}{2} \tag{6.30}$$

假设选择积极参与选择消极参与策略的消费者相比，将获得来自政府的奖励 $\Delta\pi_r$ ，则

$$b_3 = \frac{1}{2}p_h q_c + \Delta\pi_r , \quad c_3 = \frac{S-W-R}{2} \tag{6.31}$$

根据以上假设，消费者群体的收益矩阵如下

$$A_3 = \begin{bmatrix} \dfrac{1}{2}p_h q_c & \dfrac{1}{2}p_h q_c + \Delta\pi_r \\ \dfrac{S-W-R}{2} & \dfrac{S-W-R}{2} \end{bmatrix} \tag{6.32}$$

再制造商和消费者群体演化博弈的收益矩阵如表 6.6 所示。

表 6.6　具有策略相关性的再制造商和消费者群体演化博弈的收益矩阵

		消费者群体	
		积极参与（s_{31}）	消极参与（s_{32}）
再制造商群体 P_1	合作（s_{11}）	$[(p_0 - p_c - v_2)q_c + (p_0 - v_2)(q_0 + \Delta q)]/2,$ $p_h q_c/2$	$(p_0 - p_c - v_2)q_c + (p_0 - v_2)(q_0/2 + \Delta q),$ $p_h q_c/2 + \Delta\pi_r$
	不合作（s_{12}）	$(p_0 - v_1)(q_0 + \Delta q)/2, (S-W-R)/2$	$(p_0 - v_1)(q_0 + \Delta q)/2, (S-W-R)/2$

通过计算 $(a_i - c_i)$ 和 $(b_i - d_i)$ 的值（其中 $i = 1, 3$），可以分别得出再制造商和消费者群体选择不同策略时带来的收益差异。

$$a_1 - c_1 = (p_0 - v_2)q_c + (v_1 - v_2)(q_0 + \Delta q) - p_c q_c$$

$$b_1 - d_1 = (p_0 - v_2)\left(q_c + \frac{\Delta q}{2}\right) + \frac{(v_1 - v_2)q_0}{2} - p_c q_c$$

$$a_3 - c_3 = \frac{1}{2}(p_h q_c - S - W - R) \tag{6.33}$$

$$b_3 - d_3 = \frac{1}{2}(p_h q_c + 2\Delta\pi_r - S - W - R)$$

为了方便后期计算分析，可做出如下简化：

$$\pi_c = p_c q_c$$
$$\pi_h = p_h q_c$$
$$\Delta\pi_{v0} = (v_1 - v_2)q_0$$
$$\Delta\pi_{v0+\Delta} = (v_1 - v_2)(q_0 + \Delta q) \tag{6.34}$$
$$B_c = (p_0 - v_2)q_c$$
$$B_{c+\frac{\Delta}{2}} = (p_0 - v_2)\left(q_c + \frac{\Delta q}{2}\right)$$
$$B_{c+\Delta} = (p_0 - v_2)(q_c + \Delta q)$$

则式(6.33)可以写成如下形式：

$$a_1 - c_1 = B_c + \Delta\pi_{v0+\Delta} - \pi_c$$
$$b_1 - d_1 = B_{c+\frac{\Delta}{2}} + \frac{1}{2}\Delta\pi_{v0} - \pi_c$$
$$a_3 - c_3 = \frac{1}{2}(\pi_h - S - W - R) \tag{6.35}$$
$$b_3 - d_3 = \frac{1}{2}(\pi_h + 2\Delta\pi_r - S - W - R)$$

3) 计算再制造商与消费者两群体的期望收益

根据再制造商与消费者群体的收益矩阵，可得再制造商群体中参与人选择策略 s_{11} 及 s_{12} 时期望收益为

$$\pi_{s_{11}}(m(t)) = \frac{a_1 m_1(t) + b_1(M_1 - m_1(t))}{M_1} \tag{6.36}$$

$$\pi_{s_{12}}(m(t)) = \frac{c_1 m_1(t) + d_1(M_1 - m_1(t))}{M_1} \tag{6.37}$$

消费者群体中参与人选择策略 s_{31} 及 s_{32} 时期望收益为

$$\pi_{s_{31}}(m(t)) = \frac{a_3 m_3(t) + b_3(M_3 - m_3(t))}{M_3} \tag{6.38}$$

$$\pi_{s_{32}}(m(t)) = \frac{c_3 m_3(t) + d_3(M_3 - m_3(t))}{M_3} \tag{6.39}$$

4) 构造再制造商群体与消费者群体的策略转移率

A. 再制造商与消费者两群体的策略相关分类

根据 6.3.1 小节中"2) 模型基本假设"中的假设 (2)，再制造商与消费者两群体的策略相关性可以分为两类：一是群体内部策略相关。群体内部的策略相关性分为模仿和叛逆两种。例如，再制造商群体中选择合作策略 s_{11} 的参与人人数增加时，原来选择不合作策略 s_{12} 的再制造商决定跟随大趋势转而选择合作的转移率 $\lambda_1(m(t))$ 会增大，并且选择合作的参与人选择不合作的转移率 $\mu_1(m(t))$ 会减小。这种情况称为模仿，记为 $m_1(t) \rightarrow\leftarrow m_1(t)$；相反地，若出现 $\lambda_1(m(t))$ 减小而 $\mu_1(m(t))$ 增大则称为叛逆，记为 $m_1(t) \leftarrow\rightarrow m_1(t)$。消费者群体内部也存在模仿 $m_2(t) \rightarrow\leftarrow m_2(t)$ 和叛逆 $m_2(t) \leftarrow\rightarrow m_2(t)$。二是群体之间的策略相关。群体之间策略相关包括激励和排斥两种关系。例如，当研究再制造商群体对消费者群体的影响时，如果再制造商群体中越来越多的参与人选择与回收商合作，消费者观察到这一现象进而积极参与废旧机电产品回收，此时消费者选择合作的转移率 $\lambda_3(m(t))$ 会增大，选择不合作的转移率 $\mu_3(m(t))$ 会减小，这种情况称为激励，记为 $m_1(t) \rightarrow\leftarrow m_3(t)$；相反地，如果消费者观察到再制造商与回收商合作的现象，感觉自身利益可能下降反而选择消极参与，这种情况称为排斥，记为 $m_1(t) \leftarrow\rightarrow m_3(t)$。当研究消费者群体对再制造商群体的影响时，同样存在激励 $m_3(t) \rightarrow\leftarrow m_1(t)$ 和排斥 $m_3(t) \leftarrow\rightarrow m_1(t)$。

B. 再制造商与消费者两群体的策略相关因子确定

在计算具有相关性的再制造商群体与消费者群体的策略转移率时，需要确定策略性相关因子。由于确定该因子的种类较多，本书采用指数型策略相关性因子加以计算，具体如下。

$$D(m_1,m_3) = \{(D^1_\lambda(m_1,m_3), D^1_\mu(m_1,m_3)), (D^3_\lambda(m_1,m_3), D^3_\mu(m_1,m_3))\} \tag{6.40}$$

其中，

$$D^1_\lambda(m_1,m_3) = (1\pm d_{m_1m_1})^{m_1}(1\pm d_{m_3m_1})^{m_3}$$
$$D^1_\mu(m_1,m_3) = (1\mp d_{m_1m_1})^{m_1}(1\mp d_{m_3m_1})^{m_3}$$
$$D^3_\lambda(m_1,m_3) = (1\pm d_{m_1m_3})^{m_1}(1\pm d_{m_3m_3})^{m_3}$$
$$D^3_\mu(m_1,m_3) = (1\mp d_{m_1m_3})^{m_1}(1\mp d_{m_3m_3})^{m_3}$$
$$0 \leqslant d_{m_1m_1}, d_{m_3m_3}, d_{m_1m_3}, d_{m_3m_1} \leqslant 1$$

$D^1_\lambda(m_1,m_3)$ 表示再制造商群体 P_1 中选择策略 s_{11} 的人数为 m_1，消费者群体 P_3 中选择策略 s_{31} 的人数为 m_3 时，再制造商群体 P_1 中选择策略 s_{12} 的参与人改选策略 s_{11} 的转移率加权权重；$D^1_\mu(m_1,m_3)$ 则表示再制造商群体 P_1 中选择策略 s_{11} 的人数为 m_1，消费者群体 P_3 中选择策略 s_{31} 的人数为 m_3 时，再制造商群体 P_1 中选择策略 s_{11} 的参与人改选策略 s_{12} 的转移率加权权重；$D^3_\lambda(m_1,m_3)$ 表示再制造商群体 P_1 中选择策略 s_{11}

的人数为 m_1，消费者群体 P_3 中选择策略 s_{31} 的人数为 m_3 时，消费者群体 P_3 中选择策略 s_{32} 的参与人改选策略 s_{31} 的转移率加权权重；$D_\mu^3(m_1,m_3)$ 表示再制造商群体 P_1 中选择策略 s_{11} 的人数为 m_1，消费者群体 P_3 中选择策略 s_{31} 的人数为 m_3 时，消费者群体 P_3 中选择策略的参与人改选策略 s_{32}；$d_{m_1 m_1}$ 表示再制造商群体内部策略相关性为模仿（或叛逆）时，选择不合作策略 s_{12} 的参与人转而选择合作策略 s_{11}（或进一步减少选择合作策略 s_{11}）的比率，亦表示选择合作策略 s_{11} 的参与人减少选择不合作策略 s_{12}（或增加选择不合作策略 s_{12}）的比率；$d_{m_3 m_3}$ 表示消费者群体内部策略相关性为模仿（或叛逆）时，选择消极合作策略 s_{32} 的参与人转而选择积极参与策略 s_{31}（或进一步减少选择积极参与策略 s_{31}）的比率，亦表示选择积极参与策略 s_{31} 的参与人中减少选择消极参与策略 s_{32}（或增加选择消极参与策略 s_{32}）的比率；$d_{m_1 m_3}$ 表示再制造商群体对消费者群体的策略相关性为激励（或排斥）关系，再制造商群体中选择合作策略 s_{11} 的参与人增加时，消费者群体中选择积极参与策略 s_{31} 的参与人中增加（或减少）的比率，亦表示消费者群体中选择消极参与策略 s_{32} 参与人中减少（或增加）的比率；$d_{m_3 m_1}$ 表示消费者群体对再制造商群体的策略相关性为激励（或排斥）关系，消费者群体中选择积极参与策略 s_{31} 的参与人增加时，再制造商群体中选择合作策略 s_{11} 的参与人增加（或减少）的比率，亦表示再制造群体中选择不合作策略 s_{12} 参与人的减少（或增加）的比率；

对式（6.40）需要说明的是：在策略性相关因子 $D_\lambda^1(m_1,m_3)$、$D_\mu^1(m_1,m_3)$、$D_\lambda^3(m_1,m_3)$ 和 $D_\mu^3(m_1,m_3)$ 的计算式中正、负号的确定取决于群体内部与群体之间策略相关性的种类。例如，当再制造商群体内部和消费者群体内部均为模仿关系（即 $m_1(t) \to \leftarrow m_1(t)$，$m_3(t) \to \leftarrow m_3(t)$），再制造商群体对消费者群体及消费者群体对再制造商群体均为激励关系时（即 $m_1(t) \to \leftarrow m_3(t)$ $m_3(t) \to \leftarrow m_1(t)$），此时策略性相关因子 $D_\lambda^1(m_1,m_3)$、$D_\mu^1(m_1,m_3)$、$D_\lambda^3(m_1,m_3)$ 和 $D_\mu^3(m_1,m_3)$ 分别如下：

$$D_\lambda^1(m_1,m_3) = (1+d_{m_1 m_1})^{m_1}(1+d_{m_3 m_1})^{m_3}$$

$$D_\mu^1(m_1,m_3) = (1-d_{m_1 m_1})^{m_1}(1-d_{m_3 m_1})^{m_3}$$

$$D_\lambda^3(m_1,m_3) = (1+d_{m_1 m_3})^{m_1}(1+d_{m_3 m_3})^{m_3}$$

$$D_\mu^3(m_1,m_3) = (1-d_{m_1 m_3})^{m_1}(1-d_{m_3 m_3})^{m_3}$$

C. 再制造商群体与消费者群体的策略转移率

根据 6.2.1 小节第二部分对策略转移率的定义，引入策略相关性因子后，可以对其进行修正：

$$\lambda_1'(m_1,m_3) = \lambda_1(m_1) \cdot D_\lambda^1(m_1,m_3), \quad \mu_1'(m_1,m_3) = \mu_1(m_1) \cdot D_\mu^1(m_1,m_3)$$

$$\lambda_3'(m_1,m_3) = \lambda_3(m_3) \cdot D_\lambda^3(m_1,m_3), \quad \mu_3'(m_1,m_3) = \mu_3(m_3) \cdot D_\mu^3(m_1,m_3) \quad (6.41)$$

5）构造再制造商与回收商两群体对应的拟生灭过程

再制造商与消费者群体共同演化对应的拟生灭过程的无穷小生成元为

$$
Q=\begin{pmatrix}
A_{00} & A_{01} & 0 & 0 & \cdots & 0 & 0 & 0 & \cdots & 0 & 0 & 0 \\
A_{10} & A_{11} & A_{12} & 0 & \cdots & 0 & 0 & 0 & \cdots & 0 & 0 & 0 \\
0 & A_{21} & A_{22} & A_{23} & \cdots & 0 & 0 & 0 & \cdots & 0 & 0 & 0 \\
\vdots & \vdots & \vdots & \vdots & & \vdots & \vdots & \vdots & & \vdots & \vdots & \vdots \\
0 & 0 & 0 & 0 & \cdots & A_{k,k-1} & A_{kk} & A_{k,k+1} & \cdots & 0 & 0 & 0 \\
\vdots & \vdots & \vdots & \vdots & & \vdots & \vdots & \vdots & & \vdots & \vdots & \vdots \\
0 & 0 & 0 & 0 & \cdots & 0 & 0 & 0 & \cdots & A_{M_1-1,M_3-2} & A_{M_1-1,M_3-1} & A_{M_1-1,M_3} \\
0 & 0 & 0 & 0 & \cdots & 0 & 0 & 0 & \cdots & 0 & A_{M_1,M_3-1} & A_{M_1,M_3}
\end{pmatrix}
$$

$$(6.42)$$

其中，矩阵 A_{kk} 为水平 k 内部之间的转移，表示如下：

$$
A_{kk}=\begin{pmatrix}
-f'(0,k) & \lambda_1'(0,k) & 0 & 0 & \cdots & 0 & 0 & 0 & \cdots & 0 & 0 & 0 \\
\mu_1'(1,k) & -f'(1,k) & \lambda_1'(1,k) & 0 & \cdots & 0 & 0 & 0 & \cdots & 0 & 0 & 0 \\
0 & \mu_1'(2,k) & -f'(2,k) & \lambda_1'(2,k) & \cdots & 0 & 0 & 0 & \cdots & 0 & 0 & 0 \\
\vdots & \vdots & \vdots & \vdots & & \vdots & \vdots & \vdots & & \vdots & \vdots & \vdots \\
0 & 0 & 0 & 0 & \cdots & \mu_1'(i,k) & -f'(i,k) & \lambda_1'(i,k) & \cdots & 0 & 0 & 0 \\
\vdots & \vdots & \vdots & \vdots & & \vdots & \vdots & \vdots & & \vdots & \vdots & \vdots \\
0 & 0 & 0 & 0 & \cdots & 0 & 0 & 0 & \cdots & \mu_1'(M_1-1,k) & -f'(M_1-1,k) & \lambda_1'(M_1-1,k) \\
0 & 0 & 0 & 0 & \cdots & 0 & 0 & 0 & \cdots & 0 & \mu_1'(M_1,k) & -f(M_1,k)
\end{pmatrix}
$$

$$(6.43)$$

$A_{k,k+1}$ 为水平 k 向水平 $k+1$ 的转移，表示如下：

$$
A_{k,k+1}=\begin{pmatrix}
\lambda_3'(0,k) & & & & \\
& \lambda_3'(1,k) & & & \\
& & \ddots & & \\
& & & \lambda_3'(M_1,k)
\end{pmatrix}
$$

$$(6.44)$$

$A_{k,k-1}$ 为水平 k 向水平 $k-1$ 的转移，表示如下：

$$
A_{k,k-1}=\begin{pmatrix}
\mu_3'(0,k) & & & & \\
& \mu_3'(1,k) & & & \\
& & \ddots & & \\
& & & \mu_3'(M_1,k)
\end{pmatrix}
$$

$$(6.45)$$

矩阵 A_{kk} 中的 $f'(i,k)$ 表示转移率函数，其定义如下：

$$
\begin{aligned}
f'(i,k) &= \lambda_1{}'(i,k) + \mu_1{}'(i,k) + \lambda_3{}'(i,k) + \mu_3{}'(i,k) \\
&= \lambda_1(i)D_\lambda^1(i,k) + \mu_1(i)D_\mu^1(i,k) + \lambda_2(k)D_\lambda^2(i,k) + \mu_2(j)D_\mu^2(i,k)
\end{aligned}
\tag{6.46}
$$

6) 基于 Gaussian 消元的再制造商与消费者群体演化博弈模型求解

求解拟生灭过程的平稳概率分布，从而对群体演化博弈的长期演化稳定策略进行分析。计算步骤与 6.2.1 小节第三部分的模型求解过程相同，这里就不再赘述。

6.3.2　再制造商与消费者群体演化博弈的长期稳定策略分析

1. 阶段博弈的收益结构对演化稳定策略的影响

1) 再制造商与消费者群体的一次阶段博弈策略分析

根据 6.3.1 小节第一部分中的式 (6.35) 加以分析，可以得到如下结论。

A. 再制造商群体的一次阶段博弈策略分析

当 $\pi_c < B_c + \frac{1}{2}\Delta\pi_{v0+\Delta}$ 时，$(a_1 - c_1)(b_1 - d_1) > 0$，再制造商群体具有严格占优策略 s_{11}。

当 $\pi_c < B_{c+\frac{\Delta}{2}} + \frac{1}{2}\Delta\pi_{v0}$ 时，$(a_1 - c_1)(b_1 - d_1) > 0$，$(a_1 - c_1)(b_1 - d_1) > 0$，再制造商群体具有严格占优策略 s_{12}。

当 $B_c + \frac{1}{2}\Delta\pi_{v0+\Delta} < \pi_c < B_{c+\Delta} + \Delta\pi_{v0}$ 时，$a_1 - c_1 < 0, b_1 - d_1 > 0$，再制造商群体不存在纯策略纳什均衡，而存在一个混合策略纳什均衡。

B. 消费者群体的一次阶段博弈策略分析

当 $\pi_h > S - W - R$ 时，$(a_3 > c_3)(b_3 > d_3) > 0$，消费者群体具有严格占优策略 s_{31}。

当 $\pi_h + 2\Delta\pi_r > S - W - R$ 时，$(a_3 > c_3)(b_3 > d_3) > 0$，消费者群体具有严格占优策略 s_{32}。

当 $S - W - R - 2\Delta\pi_r < \pi_h < S - W - R$ 时，$a_3 < c_3$，$b_3 > d_3$，消费者群体不存在纯策略纳什均衡，而存在一个混合策略纳什均衡。

2) 再制造商与消费者群体的长期演化稳定策略分析

A. 再制造商与消费者群体都具有严格占优策略，两群体的长期演化稳定策略分析

- **算例基本情况**

算例 7：　再制造商群体 P_1 的人口规模为 $M_1 = 8$，消费者群体 P_3 的人口规模为 $M_3 = 8$。为了凸显阶段博弈的收益结构对长期演化稳定策略的影响，需排除策略相关性、学习程度及突变率的影响。因此，算例选取 $d_{m_1m_1} = d_{m_3m_3} = d_{m_1m_3} = d_{m_3m_1} = 0$、

学习程度 $\kappa = 1$，突变率 $\varepsilon = 0.1$，此时两群体的收益矩阵如下：

$$A_1 = \begin{bmatrix} 30 & 40 \\ 20 & 20 \end{bmatrix}, \quad A_3 = \begin{bmatrix} 3 & 6 \\ 1 & 1 \end{bmatrix}$$

因为 $a_1 - c_1 = 10$，$b_1 - d_1 = 20$，$a_3 - c_3 = 2$，$b_3 - d_3 = 5$，即 $a_i > c_i$ 且 $b_i > d_i$，所以，对于再制造商群体而言具有严格占优策略——合作，对于消费者群体也具有严格占优策略——参与，数值计算结果如图 6.11 所示。

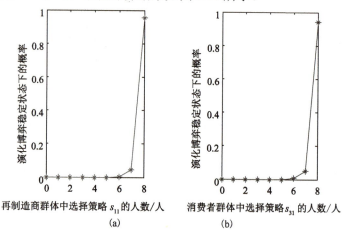

图 6.11　再制造商与消费者两群体独立演化的策略稳定分布

- **算例结果分析及结论**

从图 6.11 中可知，在状态 $m_1^*(t) = 8, m_3^*(t) = 8$ 时，再制造商和消费者群体演化稳定概率趋近于 1。这表明在突变率趋近于 0 时（此时 $\varepsilon = 0.1$），再制造商群体中的参与人经过学习最终全部倾向于选择与回收商开展合作策略；而消费者通过观察与比较收益，群体中的参与人最终会全部选择参与回收。因此，可以得出如下研究结论。

结论 6　当再制造商群体与消费者群体都具有严格占优策略时，两群体的长期演化稳定策略以概率 1 收敛于各自的严格占优策略。

B. 再制造商群体和消费者群体均不存在纯策略纳什均衡，而存在一个混合策略纳什均衡时，两群体的长期演化稳定策略分析

- **算例基本情况**

算例 8：再制造商群体 P_1 的人口规模为 $M_1 = 8$，消费者群体 P_3 的人口规模为 $M_3 = 8$，突变率 $\varepsilon = 0.1$，学习程度 $\kappa = 1$，两群体的收益矩阵如下：

$$A_1 = \begin{bmatrix} 10 & 40 \\ 20 & 15 \end{bmatrix}, \quad A_3 = \begin{bmatrix} 1 & 5 \\ 3 & 1 \end{bmatrix}$$

因为 $a_1 - c_1 = -10$，$b_1 - d_1 = 25$，$a_3 - c_3 = -2$，$b_3 - d_3 = 4$，即 $a_i < c_i$ 且 $b_i > d_i$，所以对于再制造商和消费者两群体而言，都没有纯策略纳什均衡，因此数值计算结果如下：

$$m_1^*(t) = \frac{-25}{-25 + (-10)} \times 5 = 3.57 \text{，} \quad i_1^* = [m_1^*(t)] = 3$$

$$m_3^*(t) = \frac{-4}{-4 + (-2)} \times 5 = 3.33 \text{，} \quad i_3^* = [m_3^*(t)] = 3$$

$$p_1 = [0.0000 \quad 0.0001 \quad 0.0054 \quad 0.2786 \quad 0.7096 \quad 0.0061 \quad 0.0002 \quad 0.0000 \quad 0.0000]$$

$$p_3 = [0.0000 \quad 0.0007 \quad 0.0016 \quad 0.1459 \quad 0.8442 \quad 0.0076 \quad 0.0000 \quad 0.0000 \quad 0.0000]$$

此时再制造商与消费者群体的演化博弈稳定策略分布趋势如图 6.12 所示。

● 算例结果分析及结论

从图 6.12 中可以发现，算例 8 不同于算例 7，此时再制造商群体的演化稳定策略概率分布在 i_1^*=3 和 i_1^*=4 处较为显著，具体表现为这两处的演化稳定策略概率之和为 $p_1(i_1^*=3) + p_1(i_1^*=4)^*$=99.82%；消费者群体的演化稳定策略分布在 i_3^*=3 和 i_3^*=4 处也较为显著，表现为两处的演化稳定策略概率之和为 $p_3(i_3^*=3) + p_3(i_3^*=4)^*$=99.01%。对比算例 7 和算例 8 可知，再制造商和消费者两群体的阶段博弈收益结构不但会影响阶段博弈的纳什均衡解，而且收益结构与两群体的演化稳定策略收敛性密切相关。因此，可以得出如下研究结论。

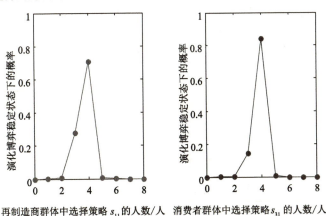

图 6.12　再制造商与消费者两群体独立演化的策略稳定分布

结论 7　当再制造商群体和消费者群体均不存在纯策略纳什均衡，但存在一个混合策略纳什均衡时，根据文献[83]可知 $i^* = m^*(t)$ ，$[m^*(t)] = \left[\dfrac{d-b}{(d-b)+(a-c)} M \right]$ 时，再制造商与消费者群体的演化博弈稳定状态收敛于 $m^*(t)$ 状态，两群体不具有严格占优策略。此时，演化博弈的长期演化稳定策略在 i^* 处的概率为 π ，在 (i^*+1) 处概率为 $(1-\pi)$ 。

2. 策略相关性因子对演化稳定策略的影响

根据策略相关性因子的定义，再制造商与消费者两群体内部的模仿使得两群体的长期稳定策略加速收敛于占优策略，但是群体之间的排斥作用又会抵消这种收敛趋势。因此，两群体共同演化的长期演化稳定概率分布，将取决于内部动力（群体内部的模仿或者叛逆特性）与外部动力（群体之间的激励或抑制特性）的相对优势。

- **算例基本情况**

算例 9：本算例以算例 7 为基础，主要研究消费者群体演化稳定策略受群体内部和群体外部影响的情况。为了讨论方便，算例设定再制造商群体内部与消费者群体内部均为模仿关系（即 $m_1(t) \rightarrow \leftarrow m_1(t)$ ， $m_3(t) \rightarrow \leftarrow m_3(t)$ ）、再制造商群体与消费者群体之间及消费者群体与再制造商群体之间均为激励关系（即 $m_1(t) \rightarrow \leftarrow m_3(t)$ ， $m_3(t) \rightarrow \leftarrow m_1(t)$ ），同时设定再制造商群体内部的模仿系数 $d_{m_1 m_1}$ 和消费者群体对再制造商群体的激励系数 $d_{m_3 m_1}$ 均为固定值。算例中 $d_{m_1 m_1}, d_{m_3 m_3}, d_{m_1 m_3}, d_{m_3 m_1}$ 分别选取如表 6.7 所示的三组数值时，计算获得如表 6.8 所示的三组不同策略相关性因子。

表 6.7 三组再制造商与消费者群体的 $d_{m_1 m_1}, d_{m_3 m_3}, d_{m_1 m_3}, d_{m_3 m_1}$ 的取值

组别	$d_{m_1 m_1}$	$d_{m_3 m_3}$	$d_{m_1 m_3}$	$d_{m_3 m_1}$
第一组	0.2	0.5	0.1	0.2
第二组	0.2	0.1	0.5	0.2
第三组	0.2	0.1	0.1	0.2

表 6.8 三组不同的策略相关性因子

组别	$D_\lambda^1(m_1, m_3)$	$D_\mu^1(m_1, m_3)$	$D_\lambda^3(m_1, m_3)$	$D_\mu^3(m_1, m_3)$
第一组	$1.2^{m_1+m_3}$	$0.8^{m_1+m_3}$	$1.1^{m_1} 1.5^{m_3}$	$0.9^{m_1} 0.5^{m_3}$
第二组	$1.2^{m_1+m_3}$	$0.8^{m_1+m_3}$	$1.5^{m_1} 1.1^{m_3}$	$0.5^{m_1} 0.9^{m_3}$
第三组	$1.2^{m_1+m_3}$	$0.8^{m_1+m_3}$	$1.1^{m_1} 1.1^{m_3}$	$0.9^{m_1+m_3}$

在三组算例中，第一组代表消费者群体内部的策略相关性显著（表现为 $d_{m_3 m_3}=0.5$），第二组代表群体之间的策略相关性显著（表现为 $d_{m_1 m_3}=0.5$），第三组代表消费者群体内部与群体之间的策略相关性不显著（表现为 $d_{m_3 m_3}=0.1$，$d_{m_1 m_3}=0.1$）。以算例 7 作为参照组，计算三组不同策略相关性因子影响下两群体演化稳定策略分布对比图，如图 6.13～图 6.15 所示。

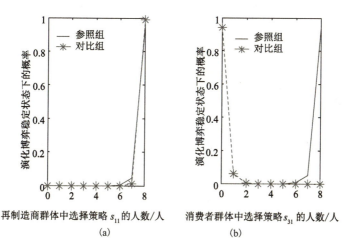

图 6.13 第一组策略相关性因子影响下的对比组与参照组对比结果

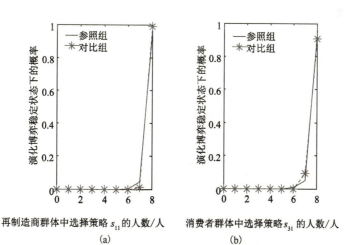

图 6.14 第二组策略相关性因子影响下的对比组与参照组对比结果

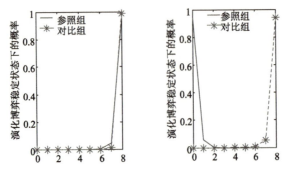

再制造商群体中选择策略 s_{11} 的人数/人　消费者群体中选择策略 s_{31} 的人数/人

(a)　　　　　　　　　　　　　　(b)

图 6.15　第三组策略相关性因子影响下的对比组与参照组对比结果

- **算例结果分析及结论**

分析图 6.13～图 6.15 可知以下几点。

(1) 群体内部的策略相关性显著影响分析。在第一组算例中 $d_{m_3 m_3}=0.5$，$d_{m_1 m_3}=0.1$，表示消费者群体内部具有显著的模仿效应。分析图 6.13 可知，消费者群体的博弈结果与参照组结果截然不同，消费者群体中几乎所有参与人都选择消极参与的策略，即选择策略 s_{31} 人数为 0 的概率趋近于 1。分析其原因主要有以下两个方面。

一是消费者群体内部模仿特性较为显著（$d_{m_3 m_3}=0.5$）。目前，为数不少的消费者对废旧机电产品回收仍持保守看法，采用消极参与策略 s_{32}。此时，由于消费者群体内部的模仿效应较强，原来选择积极参与策略 s_{31} 的消费者会跟风转而选择群消极参与策略 s_{32}，造成消费者群体所有人最终选择消极参与策略 s_{32}。

二是再制造群体与消费者群体之间的激励作用不明显（$d_{m_1 m_3}=0.1$）。再制造商群体实施与回收商积极合作策略 s_{11}，但此时再制造商群体对消费者群体的激励作用不显著。因此，消费者群体中选择消极参与策略的消费者不会转而选择积极参与策略 s_{31}。

(2) 群体之间的策略相关性显著影响分析。在第二组算例中 $d_{m_1 m_3}=0.5$，$d_{m_3 m_3}=0.1$，表示再制造商群体对消费者群体具有明显的激励作用。分析图 6.14 可知，消费者群体的博弈结果与参照组结果相同，消费者群体中几乎所有参与人都选择积极参与策略，即选择策略 s_{31} 人数为 8 的概率趋近于 1。造成这种现象的原因是：目前，虽然我国消费者群体内参与人选择积极参与策略 s_{31} 的模仿性不强，但此时再制造商群体通过释放与回收商积极合作的积极信息，从群体外部给予消费者很强的激励，从而推动消费者群体所有参与人最终选择积极参与策略 s_{31}。

(3) 群体内部和群体之间的策略相关性不明显影响分析。在第二组算例中

$d_{m_3m_3} = 0.1$，$d_{m_1m_3} = 0.1$，表示消费者群体内部的模仿效应和再制造商群体对消费者群体激励作用均不明显。分析图 6.15 可知，消费者群体的博弈结果与参照组结果截然不同，消费者群体中几乎所有参与人都选择积极参与的策略，即选择策略 s_{31} 人数为 8 的概率趋近于 1。造成这种现象的主要原因是：消费者群体内部决策行为的模仿性不显著，同时消费者群体决策也不受再制造商群体是否与回收商采用合作策略 s_{11} 的影响，此时消费者会根据回收收益结构及自身使用需求选择严格占优策略。

结论 8　当群体内部的策略相关性显著时，根据目前群体中多数参与人选择的策略，博弈群体的长期演化稳定策略将收敛于该策略；当群体之间的策略相关性显著时，博弈群体主要根据所受外部动力(包括激励或排斥)而影响决策行为；当群体内部和群体之间的策略相关性都不明显时，则博弈群体参与人主要根据收益结构及自身需要进行决策。

6.3.3　再制造商与消费者群体演化博弈的对策和措施

1. 再制造商与消费者群体演化存在的问题

借助 6.3.2 小节的研究结论，分析可知再制造商与消费者群体演化博弈过程中存在以下主要问题。

1)废旧机电产品回收价格偏低，消费者群体不满足于其收益水平，致使他们无法全部选择积极参与

根据结论 7 的分析，两群体不存在纯策略纳什均衡而存在混合策略纳什均衡时，其长期演化稳定策略策略收敛于 $i = m^*(t)$ 状态，群体不存在严格占优策略。在现实废旧机电产品回收过程中，回收商给予消费者的回收价格偏低，消费者将废旧机电产品交给回收商获得的报酬 π_h 小于消费者消极参与回收所得收益(废旧机电产品剩余使用价值减去维修费用和多消耗的能源)，即 $\pi_h < S - W - R$。利用 6.3.3 小节第一部分的分析，此时消费者群体不存在纯策略纳什均衡，而存在一个混合策略纳什均衡。利用结论 7 的分析可知，并非所有消费者全部选择积极参与回收，部分消费者会选择将废旧机电产品维修后继续使用或闲置家中。

2)多数消费者采取消极参与策略，且消费者群体内部存在明显从众心理，导致更多的消费者倾向于选择消极参与

根据 6.3.2 小节第二部分策略相关性因子对长期演化稳定策略的影响分析可知，当群体内部的模仿特性显著时，群体中大多数参与人选择的策略最终将被群体中所有人采用。目前，在我国消费者群体中占主导地位的思想是不接受再制造产品并消极参与废旧机电产品回收，而国内消费者群体内部存在严重的模仿

从众心理，进而导致更多的消费者倾向于选择消极参与。

3)废旧机电产品回收网点基础设施明显偏少，造成消费者无法积极参与回收

分析现有的废旧机电产品回收情况，尽管政府已投资建立了一些大型废旧机电产品回收基地并拥有一定数量的正规回收商，但在废旧机电产品回收网点建设方面仍不尽如人意，具体表现为：目前遍布于消费者群体周边的废旧机电产品回收网点仍十分匮乏，这样消费者难以方便、快捷地返回废旧机电产品，因此他们不愿意也无法积极参与废旧机电产品回收。

2. 激励对策与措施

针对以上存在问题，政府可以采取如下对策及措施。

1)政府和再制造商直接给予消费者一定的回收补贴，推动更多消费者积极参与回收

从 6.3.3 小节第一部分问题(1)可知，由于回收商给予消费者的废旧机电产品回收价格偏低，消费者对其收益水平不满而不愿意积极参与。因此，考虑到目前我国政府将绝大多数财政专项补贴用于再制造商的现实情况，建议政府和再制造商将一定比例的财政专项补贴作为回收补贴直接给予消费者，这样可有效提高消费者群体的收益水平，进而推动更多消费者积极参与废旧机电产品回收。研究通过一个算例来简要说明给予消费者一定补贴后，消费者群体长期演化稳定策略的变化。

算例 10：在算例 8 的基础上，政府和再制造商给予消费者一定补贴 π_{**}，计算得出不给予补贴(参照组)和给予补贴(对比组)情况下消费者群体长期稳定策略概率分布对比结果，如图 6.16 所示。

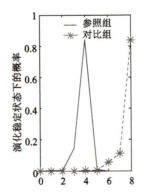

图 6.16　对比组与参照组对比结果

根据图 6.16 中的对比结果可知：未给予消费者补贴时，消费者群体中 4 个参

与人选择积极参与的概率为 80%，所有参与人积极参与的概率为 0；给予消费者一定补贴后，消费者群体的长期演化稳定策略发生了改变，所有参与人中选择积极参与策略 s_{31} 的概率达到 82.04%。由此可见，补贴行为能够促使消费者群体积极参与废旧机电产品回收。

2) 深入开展废旧机电产品回收再制造知识宣传，充分利用消费者群体内部的"叛逆"和"模仿"行为特征，促使绝大多数消费者积极参与回收

目前，多数消费者消极参与废旧机电产品回收是一个不争的事实。该问题产生的根源在于：一是消费者不了解废旧机电产品回收再制造对于我国实现资源节约和环境改善的重要作用；二是消费者不了解再制造技术及再制造产品的质量与性能，不愿意积极参与。因此，建议我国政府和再制造企业充分利用"废旧机电产品回收再制造效益研讨会""先进再制造技术与装备展""再制造产品试用""废旧机电产品回收再制造公益广告"等多种方式，提高消费者群体对产品回收再制造的认识和理解。这一方面能够引导消极参与的消费者产生"叛逆"行为而成为积极参与的消费者；另一方面能够减少积极参与消费者的反向转变。在此基础上，充分利用消费者的模仿从众心理，促使更多的消费者积极参与废旧机电产品回收。

3) 政府、再制造商与回收商共同投资兴建贴近消费者的回收设施网络，利用群体之间的外部激励引导消费者群体采用积极参与策略

废旧机电产品回收设施网络理应由回收商建立，但目前我国再制造产业尚处于初始阶段，由于回收商财力相对有限，无力独自承担巨额的回收设施网络建设费用。因此，建议我国政府和再制造商群体与回收商开展合作，共同投资在居民生活区或交通便利地区建立回收网络设施。这样可以方便消费者将废旧机电产品交由回收商回收，更重要的是让消费者观察到再制造商积极合作的信息，从而借助群体之间的外部激励作用有效推动消费者群体积极参与回收。

参 考 文 献

[1] Lund R T. Remanufacturing: the experience of the USA and implications for the developing countries[EB/OL]. http: //www. getcited. org/pub/102381288, [2013-10-17].

[2] 施泰因希尔佩 R. 再制造：再循环的最佳形式[M]. 北京: 国防工业出版社, 2006.

[3] 徐滨士, 刘世参, 王海斗. 大力发展再制造产业[J]. 求是, 2005, 12: 46-47.

[4] 刘友金, 胡黎明. 再制造产业：研究现状、基本内涵及若干理论问题[J]. 求索, 2011, (3): 9-11.

[5] Giuntin R, Gaudette I K. Remanufacturing: the next great opportunity for boosting US productivity[J]. Business Horizons, 2003, 6: 41-48.

[6] Sima Q, Wang Y B. Research on remanufacturing industrial cluster promoting sustainable development of regional economy[J]. Advanced Materials Research, 2011, 347-353: 621-626.

[7] Ferrer G, Ayres R U. The impact of remanufacturing in the economy [J]. Ecological Economics, 2000, 32(3): 413-429.

[8] 朱庆华, 冯云婷, 田一辉. 基于投入产出法的中国再制造产业经济影响分析[J]. 中国软科学, 2014, 6: 34-43.

[9] 田军, 冯耕中. 加强电子废弃物管理的政策制度研究[J]. 中国软科学, 2005, (12): 33-37.

[10] 崔选盟. 日本汽车回收利用制度对我国的借鉴意义[J]. 环境污染与防治, 2008, (10): 84-87.

[11] Mitra S, Webster S. Competition in remanufacturing and the effects of government subsidies[J]. International Journal of Production Economics, 2008, 2(111): 287-298.

[12] 徐娟, 马海莲. 再制造产业的投融资机制研究[J]. 东方企业文化·天下智慧, 2011, (2): 250.

[13] 常香云, 钟永光, 王艺璇, 等. 促进我国汽车零部件再制造的政府低碳引导政策研究——以汽车发动机再制造为例[J]. 系统工程理论实践, 2013, 33(11): 2811-2821.

[14] 唐良富. 我国再制造产业法规与标准初探[J]. 标准科学, 2009, 10: 26-31.

[15] 蒋悦. 我国电子废弃物立法研究[D]. 沈阳: 东北林业大学, 2009.

[16] 罗敏. 我国电子废弃物管理的立法研究[D]. 开封: 河南大学, 2011.

[17] Matsumoto M. Business frameworks for sustainable society: a case study on reuse industries in Japan[J]. Journal of Cleaner Production, 2009, 17(17): 1547-1555.

[18] 许春燕, 王蕾. 吉林省汽车再制造产业发展模式研究[J]. 现代经济信息, 2008, 10: 108-109.

[19] 储江伟, 张铜柱, 崔鹏飞, 等. 中国汽车再制造产业发展模式分析[J]. 中国科技论坛, 2010, 1: 33-37.

[20] Zhang T Z, Chu J W, Wang X P, et al. Development pattern and enhancing system of automotive components remanufacturing industry in China[J]. Resources, Conservation and Recycling, 2011, 55: 613-622.

[21] 潘福林, 刘磊. 汽车再制造产业发展模式研究[J]. 经济纵横, 2011, 2: 68-71.

[22] 徐建中, 张金萍, 那保国. 循环经济视角下我国再制造产业发展现状及模式研究[J]. 科技进步与对策, 2009, 26(24): 64-66.

[23] 黄震. 集聚化是我国再制造产业发展的必由之路[J]. 工程机械与维修, 2010, (8): 44-46.

[24] 卢登峰. 电子废弃物环境管理与回收利用的对策研究[J]. 科技情报开发与经济, 2004, 14(7): 98-100.

[25] 陈海威. 中国再制造产业发展问题探讨[J]. 经济理论与经济管理, 2007, 3: 87-90.

[26] 徐滨士. 我国再制造产业发展现状与对策建议[J]. 广西节能, 2009, 3: 12.

[27] 王肃. 我国再制造产业发展瓶颈与对策分析[J]. 黑龙江对外经贸, 2010, 10: 49-50.

[28] 李玉玲. 朝阳产业路漫漫: 再制造产业进程中需力克的难题[J]. 技术与市场, 2011, 6: 16-20.

[29] Zhu Q H, Sarkis J, Lai K H. Supply chain-based barriers for truck-engine remanufacturing in China[J]. Transportation Research Part E & Transportation Review, 2014, 68: 103-117.

[30] Sharma V, Garg S K, Sharma P B. Identification of major drivers and roadblocks for remanufacturing in India [J]. Journal of Cleaner Production, 2014, 112: 1882-1892.

[31] 代颖, 马祖军, 王芳. 消费者废旧品回收行为研究现状及展望[J]. 西南交通大学学报(社会科学版), 2010, 11(6): 19-23.

[32] 王珺, 顾巧论. 消费者废旧家电回收行为回归分析[J]. 合作经济与科技, 2015, (4): 87-89.

[33] 李春发, 邹雅玲, 王雪红. WEEE 回收网站交互性对消费者回收行为的影响——消费者交易感知的中介作用[J]. 科技管理研究, 2015, 3: 209-214.

[34] 刘永清, 郭强, 刘雅慧. 基于消费者回收行为的废旧家电回收影响因素及实证分析[J]. 物流科技, 2013, 36(8): 1-3.

[35] Hansmann R, Bernasconi P, Smieszek T, et al. Justifications and self-organization as determinants of recycling behavior: the case of used batteries[J]. Resources, Conservation and Recycling, 2005, 47: 133-159.

[36] 王兆华, 尹建华. 我国家电企业电子废弃物回收行为影响因素及特征分析[J]. 管理世界, 2008, 4: 175-176.

[37] 胡纾寒. 汽车回收政策对报废汽车回收率影响研究[D]. 湖南: 湖南大学, 2009.

[38] 张玉春, 郭宁. 基于系统动力学的闭环供应链中回收商行为[J]. 系统工程, 2014, 6: 99-104.

[39] Spicer A J, Johnson M R. Third party remanufacturing as a solution for extended producer responsibility [J]. Journal of Cleaner Production, 2004, 12: 37-45.

[40] 许志端, 郭艺勋. 延伸厂商责任的回收模式研究[J]. 经济管理, 2005, 10: 65-70.

[41] 罗卫. EPR 履行的产品回收模式比较及其选择[J]. 商业经济, 2009, 9: 62-66.

[42] 闫欣欣, 金姣. 基于逆向物流的废旧产品回收模式分析[J]. 商品储运与养护, 2008, 30(2): 48-50.

[43] Govindan K, Palaniappan M, Zhu Q H, et al. Analysis of third party reverse logistics provider using interpretive structural modeling [J]. Omega, 2002, 30: 66-67.

[44] Savaskan R C, Bhattacharya S, Van Wassenhove L N. Closed-loop supply chain models with product remanufacturing [J]. Management Science, 2004, 50(2): 239-252.

[45] 姚卫新. 再制造条件下逆向物流回收模式的研究[J]. 管理科学, 2004, 2: 76-79.

[46] 魏洁, 李军. EPR 下的逆向物流回收模式选择研究[J]. 中国管理科学, 2005, 13(6): 18-22.

[47] 王璇, 梁工谦. 再制造逆向物流的废旧产品回收模式分析[J]. 现代制造工程, 2009, 4: 9-11.

[48] 公彦德, 李帮义. 三级 CLSC 物流外包与废品回收的临界条件整合研究[J]. 管理工程学报, 2010, 2: 124-129.

[49] 熊中楷, 梁晓萍. 考虑消费者环保意识的闭环供应链回收模式研究[J]. 软科学, 2014, 11: 61-66.

[50] 任鸣鸣, 全好林. 基于模糊综合评价的 EPR 回收模式选择[J]. 统计与决策, 2009, 15: 42-44.

[51] 姚卫新. 再制造的产品回收博弈分析[J]. 物流技术, 2003, (3): 84-85.

[52] 李金勇, 刘威, 程国平. 政府与企业实施逆向物流的动态博弈分析[J]. 中国农机化, 2007, (6): 24-27.

[53] 陈章跃, 王勇, 刘华明. 考虑顾客策略行为和产品质量的闭环供应链决策模型[J]. 中国管理科学, 2016, 24(3): 109-116.

[54] 代应, 王旭, 邢乐斌. 报废汽车回收监督的进化博弈分析[J]. 西南交通大学学报, 2009, 44(3): 421-425.

[55] 殷向洲. 基于演化博弈的闭环供应链协调问题研究[D]. 武汉: 武汉理工大学, 2008.

[56] 韩小花, 薛声家. 竞争的闭环供应链回收渠道的演化博弈决策[J]. 计算机集成制造系统, 2010, 16(7): 1487-1493.

[57] 王世磊, 严广乐, 李贞. 逆向物流的演化博弈分析[J]. 系统工程学报, 2010, 25(4): 520-525.

[58] Lund R T. Remanufacturing: the experience of the USA and implications for the developing countries[R]. World Bank Technical Papers No. 31, 1984.

[59] Lund R T. The remanufacturing industry: hidden giant [R]. Boston, Boston University, Final Report of Argonne National Laboratory Study, 1996.

[60] United States International Trade Commission. Remanufactured goods: an overview of the US and global industries, markets, and trade[EB/OL]. http: //www. usitc. gov/publications/ 332/pub4356. pdf[2013-09-24].

[61] Oakdene Hollins. Remanufacturing in the UK: a significant contributor to sustainable development[EB/OL]. http: //www. remanufacturing. org. uk/pdf/story/1r17. pdf -session =Reman Session: 42F94B7D187d918D46Xkr4275EAA[2013-09-27].

[62] Oakdene Hollins. A review of policy options for promoting remanufacturinginthe UK [EB/OL]. http: //www. remanufacturing. org. uk/free-reuse-publication. lasso report=308[2013-07-25].

[63] Watson M. A review of literature and research on public attitudes, perceptions and behavior relating to remanufactured, repaired and reused products [R]. Report for the Centre for Remanufacturing and Reuse, University of Sheffield, 2008.

[64] Benton D, Hazell J. Resource resilient UK: a report from the circular economy task force [EB/OL]. http: //www. green-alliance. org. uk/grea1. aspx?id=6571[2013-10-18].

[65] 徐滨士, 等. 再制造与循环经济[M]. 北京: 科学出版社, 2007.

[66] 李育贤. 中外汽车零部件再制造产业发展现状分析[J]. 汽车工业研究, 2012, 3: 35-38.

[67] 徐滨士. 绿色再制造工程的发展现状和未来展望[J]. 中国工程科学, 2011, 13(1): 4-10.

[68] 国家发展和改革委员会. 再制造产业"十二五"发展规划[R]. 国家发展和改革委员会, 2012.

[69] 袁艺. 基于循环经济的办公设备再制造的运营模式研究. 南京: 南京林业大学.

[70] 李仲勋. 再制造业抢先机目标 300 亿[N]. 新华日报, 2015-12-12(A06).

[71] 刘锟. 上海再制造产业打造四大平台[N]. 解放日报, 2015-03-11(10).

[72] 武海涛. 关于发展我市再制造产业的建议[J]. 唐山经济, 2010, 9: 25-27.

[73] 韩学松. 2014 年中国工程机械主要设备保有量[J]. 工程机械与维修, 2015, 7: 22-24.

[74] Liu S F, Lin Y. Grey Systems: Theory and Applications [M]. Berlin: Springer-Verlag, 2010.

[75] Saaty T L. The Analytic Hierarchy Process [M]. New York: McGraw-Hill, 1980.

[76] Shannon C E. A mathematical theory of communication [J]. Bell System Technical Journal, 1948, 27(3): 379-423.

[77] 姜艳萍, 樊治平. 一种三角模糊数互补判断矩阵的排序方法[J]. 系统工程与电子技术, 2002, 24(7): 34-36.

[78] Liou T S, Wang M J. Ranking fuzzy numbers with integral value [J]. Fuzzy Sets and System, 1992, 50: 247-255.

[79] Kaufman A, Gupta M M. Introduction to Fuzzy Arithmetic: Theory and Applications [M]. NewYork: Van Nostrand Reinhold, 1985: 141-149.

[80] Friedman D. On economic applications of evolutionary game theory[J]. Journal of Evolutionary Economics, 1998, 8: 15-43.

[81] Weibull J. Evolutionary Game Theory [M]. Cambridge: MIT Press, 1995.

[82] Tadj L, Touzene A. A QBD approach to evolutionary game theory[J]. Applied Mathematical Modeling, 2003, 27: 913-927.

[83] Li Q L. Constructive Computation in Stochastic Models with Applications: The RG-Factorization[M]. Berlin Heiderberg: Springer-Verlag, 2010.

附　录

附表 1　2009 年工信部公布的机电产品再制造试点单位名单(第一批)

领域	试点企业
工程机械	徐工集团工程机械有限公司、武汉千里马工程机械再制造有限公司、广西柳工机械有限公司、卡特彼勒再制造工业(上海)有限公司、天津工程机械研究院、长沙中联重工科技发展股份有限公司、三一集团有限公司
工业机电设备	上海宝钢设备检修有限公司、哈尔滨汽轮机厂有限责任公司、中国第一重型机械集团公司、西安西玛电机(集团)股份有限公司、湘电集团有限公司、安徽皖南电机股份有限公司、沈阳大陆激光技术有限公司
机床	重庆机床(集团)有限责任公司、武汉重型机床集团有限公司、青海一机数控机床有限责任公司、武汉华中自控技术发展有限公司
矿采机械	山东泰山建能机械集团公司、新疆三力机械制造有限公司、宁夏天地奔牛实业集团有限公司、胜利油田胜机石油装备有限公司、北京三兴汽车有限公司、成都百施特金刚石钻头有限公司、松原大多油田配套产业有限公司
铁路机车装备	哈尔滨轨道交通装备有限责任公司、山西汾西重工有限责任公司、中国北车集团大连机车车辆有限公司、洛阳 LYC 轴承有限公司
船舶	大连船用阀门有限责任公司
办公信息设备	珠海天威飞马打印耗材有限公司、山东富美科技有限公司、富士施乐爱科制造(苏州)有限公司
再制造产业集聚区	湖南浏阳制造产业基地、重庆市九龙工业园区

资料来源：工信部网站

附表 2　2016 年工信部公布的机电产品再制造试点单位名单(第二批)

领域	试点单位	地区/央企
工程机械(14 家)	山东临工工程机械有限公司	山东
	安徽博一流体传动股份有限公司	安徽
	芜湖鼎恒材料技术有限公司	安徽
	山河智能装备股份有限公司	湖南
	北京南车时代机车车辆机械有限公司	央企
	宁波广天塞克思液压有限公司	宁波
	中铁工程装备集团有限公司	央企

续表

领域	试点单位	地区/央企
工程机械(14家)	中铁隧道集团有限公司	央企
	蚌埠市行星工程机械有限公司	安徽
	安徽省泰源工程机械有限责任公司	安徽
	中国铁建重工集团有限公司	湖南
	利星行机械(扬州)有限公司	江苏
	南京钢加工程机械科技发展有限公司	江苏
	青岛迈劲工程机械制造有限公司	青岛
专用设备(8家)	宝钢轧辊科技有限责任公司	江苏
	上海君山表面技术工程股份有限公司	上海
	上海万度力机械工程有限公司	上海
	中冶宝钢技术服务有限公司	央企
	中冶京诚(湘潭)矿山装备有限公司	央企
	安徽威龙再制造科技股份有限公司	安徽
	内蒙古中天宏远再制造股份公司	内蒙古
	四川皇龙智能破碎技术股份有限公司	四川
机床(1家)	沈阳机床股份有限公司	辽宁
电气机械和器材(7家)	江苏环球特种电机有限公司	江苏
	文登奥文电机有限公司	山东
	南车株洲电力机车研究所有限公司	央企
	平煤神马机械装备集团有限公司	河南
	山东开元电机有限公司	山东
	河北新四达电机制造有限公司	河北
	广西绿地球电机有限公司	广西
运输设备(8家)	南京蒲镇海泰制动设备有限公司	央企
	南车南京浦镇车辆有限公司	央企
	南车戚墅堰机车有限公司	央企
	南车洛阳机车有限公司	央企
	湖北吉隆表面工程有限公司	湖北
	温州市东启汽车零部件制造有限公司	浙江
	成都航利(集团)实业有限公司	四川
	沈阳金研激光再制造技术开发有限公司	辽宁

续表

领域	试点单位	地区/央企
内燃机及配件 （11家）	厦门厦工机械股份有限公司	厦门
	河北长立汽车配件有限公司	河北
	江苏毅合捷汽车科技股份有限公司	江苏
	广州市欧瑞德汽车发动机科技有限公司	广东
	成都正恒动力配件有限公司	四川
	盘锦市重汽实业有限公司	辽宁
	辽宁五星曲轴再制造有限公司	辽宁
	胜利油田胜利动力机械集团有限公司	山东
	北京柴发动力技术有限公司	北京
	湖南法泽尔动力再制造有限公司	湖南
	武汉材料保护研究所	湖北
电子信息产品 （4家）	南京田中机电再制造有限公司	江苏
	上海力克数码科技有限公司	上海
	珠海联合天润打印耗材有限公司	广东
	中国电子科技集团公司第十二研究所	央企
再制造产业集聚区 （3家）	彭州航空动力产业功能区	四川
	马鞍山市雨山经济开发区	安徽
	合肥再制造产业集聚区	安徽

资料来源：工信部网站

附表3　2012年国家发改委公布的第一批再制造试点单位名单

企业类型	企业名称
整车生产企业 （4家）	中国第一汽车集团公司
	上海汽车工业（集团）总公司
	安徽江淮汽车集团有限公司
	奇瑞汽车有限公司
零部件再制造企业 （9家）	武汉东风鸿泰控股集团有限公司
	广州市花都全球自动变速箱有限公司
	济南复强动力有限公司
	广西玉柴机器股份有限公司
	东风康明斯发动机有限公司

续表

企业类型	企业名称
零部件再制造企业 （9家）	柏科（常熟）电机有限公司
	陕西法士特汽车传动集团有限责任公司
	浙江万里扬变速器有限公司
	中国人民解放军第六四五六工厂

资料来源：国家发改委网站

附表4　2013年国家发改委公布的第二批再制造试点单位名单

序号	单位名称	试点类型和范围
1	北京奥宇可鑫表面工程技术有限公司	再制造专业技术服务
2	北京首特钢报废机动车综合利用有限公司	发电机、起动机再制造
3	长城汽车股份有限公司	发动机再制造（长城汽车授权）
4	唐山瑞兆激光再制造技术有限公司	再制造专业技术服务
5	河北省物流产业集团有限公司	旧件逆向物流回收体系
6	哈飞工业集团汽车转向器有限责任公司	转向器再制造
7	沃尔沃建筑设备（中国）有限公司	发动机再制造（沃尔沃授权）
8	采埃孚销售服务（中国）有限公司	变速箱再制造（宝马、捷豹路虎授权）
9	上海孚美汽车自动变速箱技术服务有限公司	变速箱再制造（神龙、长城汽车授权）
10	张家港富瑞特种装备股份有限公司	发动机再制造（朝柴、萍乡科尔授权）
11	玉柴再制造工业（苏州）有限公司	发动机再制造（玉柴、卡特彼勒授权）
12	江苏新亚特钢锻造有限公司	再制造专业技术服务
13	全兴精工集团有限公司	助力泵再制造
14	浙江再生手拉手汽车部件有限公司	发动机、变速箱再制造（吉利集团授权）
15	滁州市洪武报废汽车回收拆解利用有限公司	发电机、起动机再制造、旧件逆向物流回收体系
16	山东能源集团大族激光再制造有限公司	再制造专业技术服务
17	河南飞孟激光再制造有限公司	再制造专业技术服务
18	武汉法利莱切割系统工程有限责任公司	再制造专业设备生产
19	湖南机油泵股份有限公司	机油泵再制造
20	湖南博世汽车部件（长沙）有限公司	发电机、起动机再制造
21	江西江铃汽车集团实业有限公司	发动机再制造（江铃汽车授权）
22	广州市跨越汽车零部件工贸有限公司	转向器再制造
23	广东明杰零部件再制造有限公司	发电机、起动机再制造

序号	单位名称	试点类型和范围
24	陕西北方动力有限责任公司	发动机再制造(道依茨授权)
25	大连报废车辆回收拆解有限公司	发电机、起动机再制造
26	威伯科汽车控制系统(中国)有限公司	空压机再制造
27	青岛联合报废汽车回收有限公司	发电机、起动机再制造
28	三立(厦门)汽车配件有限公司	发电机、起动机再制造

资料来源：国家发改委网站

附表 5　2015 年国家发改委公布的再制造产品"以旧换再"推广试点企业名单

企业名称	产品类型
广州市花都全球自动变速箱有限公司	无级变速箱、自动变速箱
潍柴动力(潍坊)再制造有限公司	发动机
济南复强动力有限公司	发动机
上海幸福瑞贝德动力总成有限公司	发动机、变速箱
东风康明斯发动机有限公司	发动机
陕西法士特汽车传动集团有限责任公司	变速箱
大众一汽发动机(大连)有限公司(一汽集团)	发动机
玉柴再制造工业(苏州)有限公司	发动机
无锡大豪动力有限公司(一汽集团)	发动机
浙江万里扬变速器股份有限公司	变速箱

资料来源：国家发改委网站